"十四五"职业教育国家规划教材

职业教育

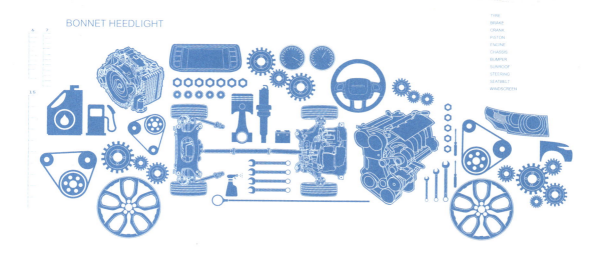

BONNET HEEDLIGHT

TYRE
BRAKE
CRANK
PISTON
ENGINE
CHASSIS
BUMPER
SUNROOF
STEERING
SEATBELT
WINDSCREEN

汽车维修基本技能

第三版

主　编	王孝洪	罗　林	周　超		
副主编	聂坤宇	蒋文韬	袁竟珂	杨　霞	
参　编	李仁丹	陈　鹏	尹文涛	刘清川	马　丹	简青青
	王玉玺	胡人予	周文凭	周景标	黄祖会	魏　岚
	张启山	张玮姝	刘雷雷	杨　健	马灵睿	杨敦华
	母汶卓	冯渝杰	龚元冰	幸　露	魏小利	李地阳
	简晓涵	邱　勇	舒辽川	古春汝	冉　林	

重庆大学出版社

内容提要

本书共7个项目17个任务,分别为汽车维修现场"7S"管理及工作安全、汽车维修常用工具的使用、汽车维修常用设备的使用、螺纹紧固件、钳工技能、汽车维修量具的使用、综合训练。本书以任务为主线,侧重于实践操作,细化了操作步骤并且配有大量的操作过程图片,而且还配有大量的操作视频,可以通过手机扫码观看,也可以登录资源网站观看和下载,让内容简单易懂。

本书可作为中等职业学校汽车类相关专业的教材,也可以作为自学者或技术人员的参考书。

图书在版编目(CIP)数据

汽车维修基本技能 / 王孝洪,罗林,周超主编. --
3版. --重庆:重庆大学出版社,2023.8(2024.7重印)
职业教育汽车类专业新形态教材
ISBN 978-7-5624- 9888-9

Ⅰ.①汽… Ⅱ.①王…②罗…③周… Ⅲ.①汽车—
车辆修理—中等专业学校—教材 Ⅳ.①U472.4

中国版本图书馆CIP数据核字(2022)第019378号

职业教育汽车类专业新形态教材
汽车维修基本技能
Qiche Weixiu Jiben Jineng
第三版
主 编:王孝洪 罗 林 周 超
责任编辑:章 可 版式设计:章 可
责任校对:邹 忌 责任印制:赵 晟

*

重庆大学出版社出版发行
出版人:陈晓阳
社址:重庆市沙坪坝区大学城西路21号
邮编:401331
电话:(023)88617190 88617185(中小学)
传真:(023)88617186 88617166
网址:http://www.cqup.com.cn
邮箱:fxk@cqup.com.cn(营销中心)
全国新华书店经销
重庆市正前方彩色印刷有限公司印刷

*

开本:787mm×1092mm 1/16 印张:10 字数:245千
2016年8月第1版 2023年8月第3版 2024年7月第9次印刷
ISBN 978-7-5624-9888-9 定价:35.00 元

序言

近年来,作为国家经济建设支柱、在国民经济中占有举足轻重地位的汽车工业在我国得到高速发展,汽车维修与检测设备现代化、检测资讯网络化、管理电脑化等变革性趋势,改变了我国传统的汽车维修观念和作业模式。同时,教育部组织制定了《中等职业学校专业教学标准(试行)》,这对于探索职业教育的规律和特点,创新职业教育教学模式,规范课程、教材体系,推进课程改革和教材建设,具有重要的指导作用和深远的意义。所以,中职学校汽车类专业的教学内容也发生了很大的变化。

基于以上情况,重庆大学出版社组织全市中职学校汽车类专业的一线骨干教师,在高校专家的指导下,在相关企业专家的帮助下,共同编写了《中等职业教育汽车类专业系列教材》。本套教材在《国家中长期教育改革和发展规划纲要(2010—2020)》指导下,以《中等职业教育汽车运用与维修专业课程标准》为依据,遵循"拓宽基础、突出实用、注重发展"的编写原则进行编写,使教材具有如下特点:

(1)理论与实践相结合。每本书都采用"项目—任务"的形式编写,通过"任务描述""任务目标""相关知识""任务实施""任务评价""任务检测"等版块,明确学习目的,丰富教学的传达途径,突出了理论知识够用为度,注重学生技能培养的中职教学理念。

(2)充分体现以学生为本。针对目前中职学生学习的实际情况,注意语言表达的通俗性,版面设计的可读性,以任务方式组织教材内容，突出学生对知识和技能学习的主体性。

（3）与行业需求相一致。教学内容的安排、教学案例的选取与行业应用相吻合，使所学知识和技能与行业需要紧密结合。

（4）跟上行业发展。本套教材注意反映汽车行业的新技术、新水平、新趋势，特别是通过实时更新数字资源内容，使教学与行业发展不脱节。

（5）将素质教育融入其中。在教材中，结合教学案例有机地对学生进行素质教育，包括爱国、爱家、遵纪守法、职业素养、职场安全等内容。

（6）强调教学的互动性。通过"友情提示""试一试""想一想""练一练"等栏目，建立教学互动平台，把教与学有机结合起来，增加学生的学习兴趣，培养学生的自学能力和创新意识。

（7）重视教材的立体资源配套。本套教材建有数字化教学平台，内容涵盖每门课程的课程目标、电子教案、教学PPT、教学资源（视频、动画、文字、图片）、测试题库、考核方案等，为教学提供支撑。特别通过二维码技术，将资源与纸质教材有机结合起来。

（8）装帧设计新颖。采用双色和彩色印刷，色彩搭配清新、明丽，版式设计具有现代感，符合中职学生的审美趣味。

总之，这套教材实用性和操作性较强，能满足中等职业学校汽车类专业人才培养目标的要求，能满足学生对汽车类专业技术学习的不同需要。希望这套教材能受到广大师生们的喜欢，为中职学校汽车类专业的发展作出贡献。

编写组

2016年5月

前言

　　本书是根据教育部最新制定的《中等职业学校汽车运用与维修专业教学标准(试行)》并参照相关行业岗位标准编写的中等职业学校汽车运用与维修专业教学用书。

　　"汽车维修基本技能"是汽车运用与维修专业的专业基础课程。本书共7个项目17个任务，分别为汽车维修现场"7S"管理及工作安全、汽车维修常用工具的使用、汽车维修常用设备的使用、螺纹紧固件、钳工技能、汽车维修量具的使用、综合训练。通过本书学习和训练，使学生能够正确使用汽车维修工常用的设备、工具、量具等，会检测并维修汽车机械部分的常见问题，同时培养学生具有一定的逻辑思维和分析问题与解决问题的能力。

　　本书的特色主要有：

　　1.针对汽车运用与维修专业所需知识，对钳工工艺等内容进行筛选，保留汽车维修中所需的内容。

　　2.突出实践在课程中的主体地位，通过工作任务来引领理论，以相应的职业活动为单元组织教学，使理论从属于实践。

　　3.突出"理实一体化"教学理念，以实际动手为主，让学生真正做到在"做中学"。

　　4.按照工作过程设计学习过程。以典型案例为载体来设计任务、组织教学，建立工作任务与知识、技能的联系，增强学生的直观体验，激发学生的学习兴趣。

5.重点的学习任务配有操作视频，使操作过程可以更加直观地展示。

建议的学时安排：

项　目	理论学时	实训学时
项目一　汽车维修现场"7S"管理及工作安全	2	2
项目二　汽车维修常用工具的使用	6	6
项目三　汽车维修常用设备的使用	4	4
项目四　螺纹紧固件	8	8
项目五　钳工技能	20	20
项目六　汽车维修量具的使用	8	8
项目七　综合训练	20	20
总计：144学时（其中，机动8学时）		

全书由王孝洪、罗林、周超担任主编，聂坤宇、蒋文韬、袁竟珂、杨霞担任副主编，参与编写的老师还有李仁丹、陈鹏、尹文涛、刘清川、马丹、简青青、王玉玺、胡人予、周文凭、周景标、黄祖会、魏岚、张启山、张玮姝、刘雷雷、杨健、马灵睿、杨敦华、母汶卓、冯渝杰、龚元冰、幸露、魏小利、李地阳、简晓涵、邱勇、舒辽川、古春汝、冉林。

由于编者的经历和水平有限，本书在教学实践中有待进一步改进和完善。希望能与同行交流，对于书中存在的疏漏或错误，敬请读者批评、指正。

编　者

2023年8月

目录

项目一　汽车维修现场「7S」管理及工作安全

　　汽车维修现场"7S"管理即造就安全、舒适、明亮的工作环境，提升员工真、善、美的品质，从而塑造企业良好的形象，实现共同的梦想。工作安全即了解维修工作环境中的危害、个人安全防护、维修操作中的危险、汽车危险性废料的处理等并掌握正确、安全的操作流程、方法。

任务一　了解汽车维修现场的"7S"管理

任务描述

　　"7S"起源于日本，是指在生产过程中对人员、机器、材料、方法等生产要素进行有效的管理。掌握其内容及实施要点对于塑造企业的形象、降低成本、准时交货、安全生产、高度的标准化、创造令人心旷神怡的工作场所、现场改善等方面具有巨大作用。

任务目标

完成本任务的学习后，你应能：

★ 说出汽车维修现场"7S"管理的目的；

★ 记住汽车维修现场"7S"管理的具体内容；

★ 制订"7S"计划。

建议学时：2学时。

相关知识

一、"7S"的起源与发展

　　1955年，日本提出的宣传口号为"安全始于整理，终于整理整顿"。当时只推行了前两个S，其目的仅为了确保作业空间和安全。后因生产和品质控制的需要而又逐步提出了"3S"，也就是清扫、清洁、修养，从而使应用空间及适用范围进一步拓展。到了1986年，日本关于"5S"（图1-1）的著作逐渐问世，从而对整个现场管理模式起到了冲击作用，并由此掀起了"5S"的热潮。

　　日本企业将"5S"运动作为管理工作的基础，推行各种品质的管理手法，产品品质得以迅速地提升，奠定了日本的经济大国地位。在丰田公司的倡导推行下，"5S"在提高生产效率、降低生产成本、改善工

图1-1　"5S"架构

作环境等方面发挥了巨大的作用，逐渐被各国的管理界所认识。随着世界经济的发展，"5S"已经成为工厂管理的一股新潮流。"5S"在制造、服务等行业用于改善现场环境和员工的思维方法，使企业能有效地迈向全面质量管理。根据企业进一步发展的需要，有的公司在原来"5S"的基础上又增加了安全（Safety）和节约（Save）这两个要素，形成了"7S"。通过推行"7S"管理，能够实现：改善和提高企业形象；提高生产效率；确保生产安全性；减少直至消除故障；保障员工安全生产；降低生产成本；改善员工精神面貌，使组织活力化；缩短作业周期，确保交货期。

二、"7S" 的含义

"7S" 现场管理是指对生产现场各生产要素（主要是物的要素）所处状态坚持不断地进行整理（Seiri）、整顿（Seiton）、清扫（Seiso）、清洁（Seiketsu）、素养（Shitsuke）、安全（Safety）和节约（Save）。上述这七个词日语罗马拼音的第一个字母都是 "S"，故简称 "7S"。

1.整理（图1-2）

● 整理的定义：区分要与不要的物品，现场只保留必需的物品。

● 整理的目的：改善和增加作业面积；现场无杂物，通道通畅，提高工作效率；减少磕碰的机会，保障安全，提高质量；消除管理上的混放、混料等差错事故；有利于减少库存量，节约资金；改变作风，提高工作效率。

● 整理的意义：把要与不要的人、事、物分开，再将不需要的人、事、物加以处理，对生产现场的现实摆放和停滞的各种物品进行分类，区分什么是现场需要的，什么是现场不需要的；其次，对于现场不需要的物品，诸如用剩的材料、多余的半成品、切下的料头、切屑、垃圾、废品、多余的工具、报废的设备、工人的个人生活用品等，坚决清理出生产现场。对于车间里各个工位或设备的前后、通道左右、厂房上下、工具箱内外及车间的各个死角，都要彻底搜寻和清理，达到现场无不用之物。

图1-2 "7S" 的整理

2.整顿（图1-3）

● 整顿的定义：必需品依规定定位、定方法摆放整齐有序，明确标示。

● 整顿的目的：不浪费时间去寻找物品，提高工作效率和产品质量，保障生产安全。

● 整顿的意义：把需要的人、事、物加以定量、定位。通过前一步整理后，对生产现场需要留下的物品进行科学合理的布置和摆放，以便用最快的速度取得所需之物，在最有效的规章、制度和最简捷的流程下完成作业。

图1-3 "7S" 的整顿

● 整顿的要点：物品摆放要有固定的地点和区域；物品摆放地点要科学合理。例如，根据物品使用的频率合理摆放，经常使用的东西应放得近些（如放在作业区内），偶而使用或不常使用的东西则应放得远些（如集中放在车间某处）；物品摆放目视化，使定量装载的物品做到过目知数，摆放不同物品的区域采用不同的色彩和标记加以区别。

环境设备，擦拭干净

图1-4 "7S"的清扫

4.清洁（图1-5）

• 清洁的定义：将整理、整顿、清扫实施的做法制度化、规范化，维持其成果。

• 清洁的目的：认真维护并坚持整理、整顿、清扫的效果，使其保持最佳状态。

• 清洁的意义：通过对整理、整顿、清扫活动的坚持与深入，从而消除发生安全事故的根源，创造一个良好的工作环境，使职工能愉快地工作。

• 清洁的要点：不仅物品要清洁，而且工人本身也要做到清洁，如工作服要清洁，仪表要整洁，及时理发、刮须、修指甲、洗澡等。工人不仅要做到形体上的清洁，而且要做到精神上的"清洁"，待人要讲礼貌，要尊重别人。要使环境不受污染，进一步消除浑浊的空气、粉尘、噪声和污染源，消灭职业病。

3.清扫（图1-4）

• 清扫的定义：清除现场内的脏污，清除作业区域的物料垃圾。

• 清扫的目的：清除"脏污"，保持现场干净、明亮。

• 清扫的意义：将工作场所之污垢去除，使异常之发生源很容易被发现，是实施自主保养的第一步，主要是提高设备利用率。

• 清扫的要点：自己使用的物品，如设备、工具等，要自己清扫；对设备的清扫，着眼于对设备的维护保养。清扫设备要同设备的点检结合起来，清扫即点检；清扫设备同时做设备的润滑工作，清扫也是保养。当清扫地面时发现有飞屑和油水泄漏，要查明原因，并采取措施加以改进。

清爽干净，恒久保持

图1-5 "7S"的清洁

5.素养（图1-6）

• 素养的定义：人人按章操作、依规行事，养成良好的习惯。

• 素养的目的：提升"人的品质"，培养对任何工作认真负责的人。

• 素养的意义：努力提高人员的修养，养成严格遵守规章制度的习惯和作风，这是

恒久维持，习惯自然

图1-6 "7S"的素养

"7S"活动的核心。

6.安全

●安全的定义：安全防护时刻牢记。

●安全的目的：保障员工的人身安全，保证生产的连续正常进行，同时减少因安全事故而带来的经济损失。

●安全的意义：就是要维护人身与财产不受侵害，以创造一个零故障、无意外事故发生的工作场所。

7.节约

●节约的定义：物尽其用，惜时勤俭。

●节约的目的：提高经济效益，降低管理成本。

●节约的意义：对时间、空间、能源等方面合理利用，以发挥它们的最大效能，从而创造一个高效率的、物尽其用的工作场所。

任务实施

1.操作准备

备齐各种清洁用具。

2.操作过程

（1）成立"7S"工作小组

工作小组负责现场"7S"管理实施工作，并持续改进。班级分成若干小组，每个小组划分确定区域，每小组的组长负责小组成员的工作职责。"7S"小组建立流程如图1-7所示。

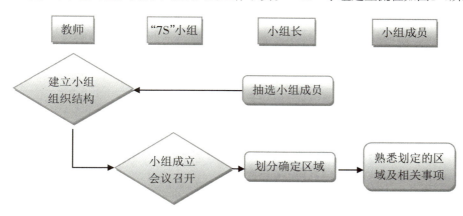

图1-7 "7S"小组建立流程图

（2）制订"7S"活动计划

了解车间相关的规章制度，了解"7S"实施的内容、要点、难点和方法等，制订可实施的"7S"管理实施方案。让各成员明确"7S"活动的目标和意义，调动各成员参与"7S"活动的积极性。

教室5分钟/10分钟活动

活动时间：每个工作日。

活动内容：见下表。

区　　分		教室5分钟/10分钟活动内容
5分钟"7S"活动 （上午上课前5分钟）	1	检查你的着装和清洁程度
	2	检查是否有物品掉在地上，将掉在地上的物品都捡起来，如橡皮擦、笔、文件及其他
	3	整理和彻底清洁桌面等
	4	检查存放文件的位置，将文件放回它们应该放置的位置
	5	扔掉不需要的物品，包括抽屉内的私人物品
	6	检查档案柜、书桌及其他家具等，将放得不恰当的物品改正过来
10分钟"7S"活动 （下午放学前10分钟）	1	实施上述5分钟"7S"活动的所有内容
	2	用抹布擦干净计算机、传真机及其他设备
	3	固定可能脱落的标签
	4	清洁地面
	5	扔掉垃圾篓内的垃圾
	6	检查电源开关、门窗、空调等是否已关上

生产现场5分钟/10分钟活动

活动时间：每个工作日。

活动内容：见下表。

区　　分		生产现场5分钟/10分钟活动内容
5分钟"7S"/TPM 活动（8:00—8:05）	1	检查你的着装和清洁程度
	2	检查是否有物品掉在地上，将掉在地上的物品都捡起来，如零件、产品、废料及其他
	3	用抹布擦干净仪表、设备、机器的主要部位以及其他重要的地方
	4	擦干溅落或渗漏的水、油或其他脏污
	5	重新放置那些放错位置的物品
	6	擦干净标识牌、标签等，保持字迹清晰
	7	确保所有工具都放在应放置的地方
	8	处理所有非必需品
10分钟"7S"/TPM 活动（17:50—18:00）	1	实施上述5分钟"7S"活动的所有内容
	2	用抹布擦干净关键的部件及机器其他位置
	3	固定可能脱落的标签
	4	清洁地面
	5	扔掉废料箱内的废料
	6	对个人工具柜进行整理或对文件资料、记录进行整理

（3）计划实施

按照制订的计划，各个小组对自己负责的区域进行改进，及时查找现场不合理的问题点，并对问题点改善前后进行照相。现场问题点的查找可参照下表。

序号	发现日	发现者	在哪（设备名称）	什么？怎么样（不合理情况）	怎么改善	自己	委托	负责人	计划实施日	实际实施日

序号	日期	整理物品	数量	整理理由	不急用品	不需要品	处理判定	处理责任人	防止再发生对策	备注

（4）评价标准及方法

由教师、各小组组长、各小组推选一名同学组成评价小组，按照"7S"标准对各小组负责的区域进行评价，评价检查表可以参照下表，各小组根据评价结果进行讨论，分析问题出在哪里。各小组推选一名代表作总结，谈谈对"7S"的认知与体会，然后教师作总结。

生产现场周评价检查表

班组（室）：　　　　　　日期：　　　　　　评价组成员：

分类	评价项目及标准	分值	评价得分	备注
整理	彻底消除现场不必要的物品，特别是死角，无垃圾、杂物、废件、闲散器材（区域内每出现一处上述问题扣2分）	10		
	油漆不缺、螺栓手轮不缺、门窗玻璃不缺、灯泡灯罩不缺，地面盖板不缺（区域内每出现一处上述问题扣2分）	10		
	现场使用的工具、手套、棉纱、服装、衣服等不随处摆放（区域内每出现一处上述问题扣2分）	10		
整顿	现场内所有物品都应指定位置，做好定位（区域内每出现一处上述问题扣2分）	10		
	物品保管位置合理，保证物品本来的性能不受影响（区域内每出现一处上述问题扣2分）	10		
	货架物品实现：货架编号、分类存放、物品标识、货架定位（区域内每出现一处上述问题扣2分）	10		
清扫	地面干净、门窗玻璃干净、四周墙壁干净（区域内每出现一处上述问题扣2分）	10		
	各个死角/角落等部分要彻底清扫、保持干净清洁状态（区域内每出现一处上述问题扣2分）	10		
	设备外观、管道表面干净（设备见本色）（区域内每出现一处上述问题扣2分）	10		
	（各种）柜的上面保持干净状态（区域内每出现一处上述问题扣2分）	10		

教室周评价检查表

班组（室）：　　　　　　　日期：　　　　　　　评价组成员：

序号	项目名称	标准及检查内容	分值	实际得分	减分说明
1	教室	无打瞌睡、吃零食的现象，盆景不得有残损，花卉不得有枯死或干黄	6		
2	地面	保持干净、清洁，无垃圾杂物、污水等	5		
3	通道	保证通道通畅、清洁，无堆积物	3		
4	天花板	无破损，吊杂物、蜘蛛网等现象	3		
5	墙面	墙体无破损，墙面无擅自张贴、悬挂的物品	3		
6	门窗	门、窗及玻璃保持明亮干净，无破损，窗台上无随意摆放物	3		
7	电器插座线	电器插座、开关保持安全状态良好、干净、无安全隐患，各类电线（设备电源线、电话线、电脑配线等）走线合理规范	6		
8	办公桌椅沙发茶几	摆放整齐，并保持整洁	3		
		桌面物品：电脑、台历、水杯、电话等摆放整齐，无杂物，并保持干净整洁	6		
		办公桌（含茶几）抽屉内物品摆设整齐、不凌乱，桌下无堆积物	6		
9	会议室	会议室地面清洁、无垃圾，各种物品摆放整齐，无随意摆放物，会议椅用后及时归位	6		
10	保密柜、文件柜等各种柜	各类柜标识清楚，定位分类放置	3		
		柜内物品、资料分区放置并有目录	6		
		柜上及后面未堆放杂物	3		
11	办公设备	打印机、传真机、复印机等办公设备整洁，有标识	3		
12	文件夹（盒）	文件夹（盒）标识清楚，定位放置，夹（盒）内文件资料整齐	6		
13	垃圾桶	垃圾桶、纸篓定位放置，桶内垃圾不超过容积的2/3	3		
14	日用品	热水瓶、毛巾、抹布、拖把等物品整齐定位摆放，保持干净	3		
15	空调、饮水机等电器	空调、饮水机等办公电器保持整洁、定置摆放，责任人明确	3		
16	报纸杂志	报架定位，报纸、杂志摆放整齐	3		
17	公告栏	公告栏、宣传栏上的内容定期清理更换，保持时效性，粘贴（书写）整齐干净	5		
18	服装、背包	服装、背包不能披于椅背或堆放于桌面上	6		
19	洗手间	设备和容器完好，整体环境干净、明亮，无异味	6		

任务拓展

一、什么是"10S"

根据企业进一步发展的需要，有的企业在"7S"的基础上又增加了习惯化（Shiukanka）、服务（Service）及坚持（Shikoku），形成了"10S"，但是万变不离其宗，都是从"7S"里衍生出来的。

二、现场管理三大工具

1.标准化

所谓标准化，就是将企业里各种各样的规范，如规程、规定、规则、标准、要领等形成文字化的东西统称为标准（或称标准书）。制订标准，而后依标准付诸行动则称为标准化。那些认为编制或修订了标准即认为已完成标准化的观点是错误的，只有经过指导、训练才能算是实施了标准化。

创新改善与标准化是企业提升管理水平的两大轮子。改善创新是使企业管理水平不断提升的驱动力，而标准化则是防止企业管理水平下滑的制动力。没有标准化，企业不可能维持较高的管理水平。

2.目视管理

目视管理是利用形象直观而又色彩适宜的各种视觉感知信息来组织现场生产活动，达到提高劳动生产率的一种管理手段，也是一种利用视觉来进行管理的科学方法。所以目视管理是一种以公开化和视觉显示为特征的管理方式，需综合运用管理学、生理学、心理学、社会学等多学科的研究成果。

3.管理看板

管理看板是发现问题、解决问题非常有效且直观的手段，是优秀的现场管理必不可少的工具之一。

管理看板是管理可视化的一种表现形式，即对数据、情报等的状况一目了然地表现，主要是对于管理项目，特别是情报进行的透明化管理活动。它通过各种形式（如标语、现况板、图表、电子屏等）把文件上、脑子里或现场等隐藏的情报揭示出来，以便可以及时掌握管理现状和必要的情报，从而能够快速制订并实施应对措施。因此，管理看板是发现问题、解决问题的非常有效且直观的手段，是优秀的现场管理必不可少的工具之一。

任务检测

一、填空题

1."7S"是指_____、_____、_____、_____、_____、_____、_____。
2.整顿最主要是针对_____不被浪费。
3.区分工作场所内的物品为"要用的"和"不要用的"是属于"7S"中的_____范畴。
4.行走中吃花生、瓜子等并任意乱丢属于"7S"中的_____范畴。

二、判断题

1.整理是将工作中不能发挥正面、积极效用的物品除去。　　　　　　　（　　）
2.工厂脏乱没关系，能工作就行。　　　　　　　　　　　　　　　　（　　）
3.清扫就是彻底的卫生大扫除。　　　　　　　　　　　　　　　　　（　　）
4.生产作业人员或责任者每日应认真执行逐一点检工作，主管人员要做不定期的复查。
　　　　　　　　　　　　　　　　　　　　　　　　　　　　　　（　　）

三、简答题

1.公司推行"7S"活动的目的是什么？
2.整理、整顿、清扫、清洁、素养、安全、节约的定义是什么？

评价与反思

评价表

序号	项　目	考核内容	配分/分	评分标准	得分
1	7S	被测工件、工作台的清洁	10	少清洁一项扣2分	
2	技能考核	对自己负责区域的管理	70	不合格一项扣2分	
3	安全	任务实施中有无危险操作	20	发现一项扣2分，严重情况按0分处理	
	总　　分		100	合　　计	

反思

1. 对工厂实行"7S"管理，对工厂及个人有什么好处？
2. 实施"10S"的最终目的是什么？

任务二　保障工作安全

任务描述

　　安全工作是一项常抓不懈的主题，是正常工作的保证，也是员工效益的最大体现。汽车维修车间的工作安全主要包括环境安全、个人安全防护、维修操作安全、汽车危险性废料的处理等。维修人员深入车间调查研究，发现隐患并及时根除隐患，防患于未然，确保安全工作顺利进行。

任务目标

完成本任务的学习后，你应能：

★ 依照"7S"管理的标准，对实训室进行改进；

★ 记住汽车维修工作中的安全常识；

★ 描述对于安全隐患的应急处理方法。

建议学时：2学时。

相关知识

一、安全要求

　　1.工作环境安全

　　很多安全事故都是由于工作环境杂乱无章、维修企业建筑布局和结构不合理等引起的。

● 整洁车间的特征：地面清洁不湿滑；火警应急出口畅通；器具存取通道无障碍；工具存放安全方便；电气和压缩空气等动力输出源标记清楚明显并定期检查；加长电缆或软管在用后收好或悬吊在天花板上；工作场所灯光明亮；空气新鲜，工作环境舒适；固定设备或装置得到定期维护并处于安全状态；工作场所的所有人员均受过如何使用常用设备的培训，并知道安全操作规程。

● 维修车间建筑布局和结构要求：每个维修工位要有足够的面积和高度，一般轿车维修工位的面积不小于4 m×7 m，高度不小于4 m；机修车间应配备专用汽车尾气排放设备，喷漆车间应当配有专用的通风装置，以保证通风良好；维修车间的地面应当采用水泥或水磨石，不要采用光滑的瓷砖地面；采光应当良好，灯光应当齐全，并达到一定的亮度，避免出现死角；维修车间应当有合理的供排水系统；维修车间应有车辆的专用通道和移动路线，并设置必要的限速牌、转弯处的反光镜等交通设施；维修车间的车辆通道上不要停放车辆，不要摆放任何物品；电力配置合理，插座布局满足要求，配有漏电保护器。

2.个人安全防护

工作时是否安全往往是在你到达工作场所之前就已决定了。当你离家去上班时，是否做了充分的准备？记住，安全也是你的责任。

①工作人员应严格执行本单位的安全生产规章制度和安全操作规程；特种作业人员，必须按国家有关规定经专门的安全作业培训，取得特种作业资格证书，方可上岗作业；在工作场所进行工作时，应当穿戴防护用品，包括护目镜、工作帽、手套、工作鞋和合身的工作服等。

②维修人员应了解作业场所和工作岗位存在的危险因素、防范措施以及事故应急措施，及时对维修企业的安全生产工作提出建议；维修人员发现事故隐患或不安全因素，应当及时向现场管理人员汇报，接到报告的人员应当及时处理。

③企业管理人员不得违章指挥，不能违反安全生产法律、法规，侵犯维修人员合法利益。

④搬运重物时要量力而行；利用机械搬运重物时，应当注意机械的承载能力、机械和重物的平衡与稳定。

3.维修操作过程中的安全

①维修手册规定的安全注意事项和操作规程，要求维修人员都要熟知并严格遵守。

②当进行车辆检修时，要拔下点火钥匙，防止他人启动车辆；检修电喷发动机的燃油系统时，必须先对油路进行泄压处理，以防汽油泄漏飞溅到漏电的高压线或高温物体上，引起燃烧；检修安全气囊时，必须断开蓄电池负极线，拆装安全气囊时必须轻拿轻放；对车身进行电焊作业时，应当断开蓄电池负极，以防损坏车用计算机；维修运转状态的发动机时，应注意防止风扇叶片打伤或高温件烫伤人体，发动机水温很高时，不能用手直接打开散热器盖，以防有压力的高温液体烫伤人员。

③发动机启动前应检查机油、冷却液是否符合要求；变速杆是否在空挡位置；制动是否良好；在室内启动应打开门窗，使空气畅通。

④发动机启动后，应立即切断油路或气路，以免发生"飞车"事故。

⑤试验发动机时，不得在车下作业；制动系统放气时，应当在放气螺栓上接上专用的储液瓶，以防制动液飞溅损伤眼睛或飞溅到轮胎、油漆上而造成损失。

⑥制动系统维修后应进行制动系统放气或踩几下制动踏板，当制动踏板合适时，方可挂挡行驶。

⑦在车下工作时，需确保汽车支承可靠。

⑧修理油箱需要放油时，周围应严禁烟火，并停止电焊作业。

⑨在装配总成时，要采用正确的操作方法，以免受伤，甚至发生重大伤亡事故。

⑩拆卸高温高压状态下的零部件，先要进行降温降压，以防高温烫伤或高压喷射伤人。

4.汽车路试安全规则

①路试必须由安全意识和驾驶技术好的正式驾驶员担任，不允许未经批准的人员随意移动车辆或试车。

②试车前，应检查制动、转向是否安全有效；风扇叶片、发动机罩是否装固可靠；仪表和各部件装配是否符合要求或工作是否正常，一切正常方可试车。

③路试车辆必须有明显的试车标牌，密切注意交通情况，尤其是在测试制动效果时，务必注意车后方情况，并在允许试车的路段上进行；行驶一段路程后，应停车检查车况，当发现有不正常的情况时，应修复后再继续试车。

④路试过程中，要密切注意冷却液温度、机油压力等信息，发现异常，立即停车检查排除。

二、维修工具设备的安全使用

1.一般维修工具的安全规则

①作业中应使用大小合适的扳手。

②一字或十字旋具只能用来拧螺钉，切勿当作冲子或撬棍使用。

③鲤鱼钳有固定、夹紧、挤压和剪切作用，但不能用于转动。

④当使用切削工具时，一定要使金属屑朝飞离身体的方向飞出，使双手以及手指处在刀口的后边。

⑤手柄应清洁、干燥及确保牢固地握住。

⑥动力、手动或冲击工具的套筒不应互换使用。

⑦切勿用锤敲击锉刀或把锉刀当作撬棍使用。

⑧使用敲击工具时，要戴合适的眼睛保护装置。

⑨切勿把尖的或削尖的工具放在衣袋里。

2.维修设备的安全要求

①必须对安全设备进行经常性的维护，并定期检测，保证设备正常运行。

②对设备的操作不了解或未经正确使用培训的员工，切勿操作动力设备。

③开动设备前，应确信没有别的物件会碰到设备的运转部件。

④使用举升机进行维修作业时，务必严格遵守举升汽车安全操作规则。

3.安全用电和防火安全常识

•安全用电知识：严禁使用导线头上不带插头的灯具和电气设备；湿手赤脚时不准接触电器开关及其他电气设备；汽车修理的局部近距离照明和可移动照明只能采用电源为36V及以下的安全电压；使用电动工具设备前要核对电动工具的使用电压与电源电压是否相符；未经过

专门训练取得上岗证者,不准进行交流电工、焊工工作;全部电动工具都必须有接地措施。

　　●燃烧的三个条件:有可燃物,有氧气,有一定的温度。

　　●防火知识:严禁一切低燃点的油、气、醇与照明设施及带电的线路接触;严禁用塑料桶盛装易燃液体,防止静电引发火灾;进行电、气焊作业时,应当远离易燃易爆物品,并做好防火准备;维修作业现场要严禁烟火,要有消防设施和消防标志;严禁使用汽油清洗机件和擦洗地板;灭火工作要根据不同的可燃物和客观条件采用不同的灭火方法和器材;汽车维修常用灭火器类型有手提式泡沫灭火器、手提式干粉灭火器、手提式1211灭火器等。

三、汽车危险性废料处理

　　汽车维修企业的危险品主要有燃油添加剂、发动机机油、变速器油、制动液等。处理方法如下:

　　①危险品要存放于专用的危险品库,且有专人负责管理。危险品库内应有消防器材。

　　②危险品在运输、使用、存放时应注意密封良好、轻拿轻放,避免强光照射,避免高温。

　　③每一次用不完的危险品应及时回收,不得临时存放于车间;不能将危险性废料倒入草丛中、砂石路面上、垃圾箱内等。

　　④在车间内启动发动机时,应该将房门或排风装置打开,以便随时将废气排出车间。

　　⑤如果在露天作业,也不要在工作着的发动机排气管附近长时间停留。

　　⑥在作业中,千万不要用嘴去吸汽油,若将汽油吸入人体内,会导致中毒或死亡。万一吸入,应逼迫自己呕吐并及时到医院治疗。

　　⑦如果误食防冻液,应立即逼迫自己呕吐并马上到医院治疗。平时应注意对防冻液的保存,防止儿童误食。

　　⑧大部分化油器清洗剂中都含有甲基氯化物、芳香族类和乙醇,这些液体和制动液有一定的毒性,对眼睛、皮肤是有害的,要避免它们与人的眼睛、皮肤接触,更不要误入口中,以免中毒。

任务实施

　　1.操作准备

　　熟悉规章制度、安全操作规程、警示标志。

　　2.操作过程

　　①熟悉车间(实训室)的安全生产规章制度和安全操作规程。

　　认真阅读张贴在车间(实训室)的安全规章制度和设备的安全操作规程,以便在工作中做好安全防护。

　　②熟悉车间(实训室)各区域的设备及工作。

　　了解车间(实训室)的布局情况,各区域的设备及工作注意事项。

　　③填写安全检查表。

　　根据安全规章制度及安全操作规程,检查各区域内是否存在安全隐患、设施设备是否工作正常、警示标志是否完善等,并填写安全检查表。

机修车间安全检查表

日　期	年　月　日	检查人	
检查区域			
序号	检查项目	检查内容	检查结果	存在问题
1				
2				
3				

④排除隐患。

对检查中存在的安全隐患及时排除，确保维修车间的安全工作。

任务拓展

机修班安全生产规章管理制度

①遵守各项安全规章制度，不违章作业，并制止他人违章作业，有权拒绝违章指挥。

②严格遵守操作规范，细心操作，精心维护。

③各种工具及移动设备摆放整齐并符合规定。

④其他人员不经允许不准随意进入操作场所，不准随意移动任何设备。

⑤正确使用保管各种防护物品和器具，工作当中穿好个人的防护用品。

⑥新上岗人员必须接受厂级安全教育方可上岗。

⑦按时巡查，每天不少于两次，发现问题及时维修，对突发事故正确分析判断，及时上报有关领导。

⑧保持机修车间的设备清洁，保证工作场所安全卫生。

⑨当班巡查期间看设备是否运转正常，设备是否运行平稳，有无跑、冒、滴、漏现象。

⑩各种电器柜、动力柜由车间使用并保护，不能违章操作。

⑪损坏电机一律由当班电工写出事故报告单，查明原因，分清责任，由车间操作工签字报到生产部审核，由生产部分管领导批准到维修处修理。修好的电机由专人验收，不合格一律不准入库，出现质量问题由修理处全额赔偿。

⑫现场管理标准：

a.严格执行公司现场管理标准，做到卫生整洁，各种物品摆放整齐。

b.当班期间由值班人员负责打扫责任区卫生，如出现不达标现象按公司规定处理。

c.现场作业完毕，对设备进行安全验收。

d.现场作业完毕，做到底面无杂物、无垃圾。

任务检测

一、填空题

1.我国现行的安全生产方针是：_____、预防为主、综合治理。

2.指挥车辆行驶、移位时，不得站在车辆正前与后方，并注意周围_____。

3.从业人员在作业过程中，应当严格遵守本单位的安全生产规章制度和操作流程，服从管理，正确佩戴和使用_____。

二、单选题

1.油着火时应及时用（ ）进行灭火。

A.水　　　　　B.石头　　　　C.消防沙　　D.泡沫

2.下列说法不正确的是（ ）。

A.试车前，应检查制动、转向是否安全有效

B.路试车辆必须有明显的试车标牌

C.只要是维修人员均可路试

D.如路试时发现异常，应立即停车检查排除

3.在汽油等（ ）附近作业时，严格执行熄灭明火、切断电源等防火措施。

A.易燃物品　　B.非燃物品　　C.安全物品　　D.不燃物品

三、简答题

1.触电伤员脱离电源后，应如何处理？

2.发现起火时，应怎样处理？

评价与反思

评价表

序号	项　目	考核内容	配分/分	评分标准	得分
1	7S	被测工件、工作台的清洁	10	少清洁一项扣2分	
2	技能考核	车间整洁、布局合理、各标识张贴清晰到位等	20	不合理一项扣2分	
		各防护用品穿戴到位	20	不到位一项扣2分	
		工具及设置的日常维护记录	10	未按要求维护保养一项扣2分	
		私拉电线、灯具及用电工具线缆完好、危险标识明确等	10	不合理一项扣2分	
		各种废料分类处理、存储合理、无乱排、乱放现象	20	不合理一项扣2分	
3	安全	安全操作	10	未按要求操作扣10分	
		总　　分	100	合　　计	

反思

1.怎样有效落实安全责任制，提高员工的安全责任感？

2.如何正确有效地避免安全事故的发生？

在汽车维修作业中，维修工具的应用比较广泛。只有掌握了各种工具的使用方法和基本的保养、维修方法，才能正确、合理地选用维修工具，从而达到提高作业效率、延长工具使用寿命的目的。所以，如何正确、合理地选择维修工具和维修、保养、改造工具是维修人员必须掌握的一门技能。

项目二 汽车维修常用工具的使用

任务一　使用手动工具

任务描述

　　手动工具是汽车维修中用得最多的工具，了解其结构、原理、使用方法和保养是非常必要的。

任务目标

完成本任务的学习后，你应能：

★ 识别各种手动工具；

★ 根据情况选用适合的手动工具；

★ 熟练使用各种手动工具；

★ 知道各种维修工具的保养及简单的维修。

建议学时：4学时。

相关知识

　　汽车维修作业中要用到的手动工具有很多种类，本节重点介绍手动工具中的扳手类、套筒类、螺丝刀类和钳子类工具。

一、扳手类工具

　　扳手类工具主要用于拆装带有螺纹的零件，如螺栓、螺母等，它是汽车维修中最常用的一类手动工具。

　　扳手类工具一般分为开口扳手、梅花扳手、组合扳手、活动扳手、套筒扳手、棘轮扳手、内六角扳手等，如图2-1所示。

　　扳手类工具的规格尺寸是和螺栓头部或螺母的尺寸相匹配的。扳手上表示的尺寸大小代表可以拆卸的螺栓或螺母的大小。如扳手上的尺寸为19 mm，则代表该扳手可以拆尺寸大小为19 mm的螺栓或大小为19 mm的螺母。

图2-1 各种扳手类工具

　　一般工具都有两种尺寸单位：即公制尺寸单位和英制尺寸单位。公制扳手最常见的尺寸单位是用毫米（mm）表示，一套公制扳手的尺寸范围在6～32 mm，以1 mm、2 mm、3 mm间隔为1级。英制扳手采用分数形式的英寸（in）表示，一套英制扳手的尺寸范围为1/4～1in，以1/16 in为一级。

　　1.开口扳手

　　开口扳手多用在不能用套筒扳手或梅花扳手拆装螺栓和螺母的位置，如图2-2所示。

图2-2 开口扳手

• 结构：开口扳手的头部呈"U"形钳口。钳口的两个侧面用来套住螺栓或螺母六角的两个对面。其钳口与手柄呈一定角度的连接，转动扳手时能在有限的空间中进一步旋转。

• 功用：开口扳手一般不能用于较大力矩螺栓和螺母的拆装，所以开口扳手不能用于装配时的最终扭紧。

• 损伤形式：如果用于较大力矩螺栓、螺母的拆装，由于安装扳手的位置不当、使用时间过久、钳口磨损大等原因会使其开口张开变形，容易造成拆装中打滑。

• 使用注意事项：不可敲击扳手，不可在扳手上套上管子使用，要保持清洁。

2.梅花扳手

• 结构：梅花扳手的两端呈花环状，其内孔是由两个正六边形相互同心错开30°而成，这样就很容易套住螺栓、螺母，并方便操作，如图2-3所示。

图2-3 梅花扳手

• 功用：可对螺栓、螺母施加大扭矩，并方便对凹陷空间的螺栓、螺母进行拆装，用于补充拧紧和类似的操作中。

• 损伤形式：梅花扳手双六角形磨损后套不住螺栓、螺母，容易造成打滑。

• 使用注意事项：不可以敲击扳手，也不可以在上面套上管子使用，要保持清洁。

3.组合扳手

组合扳手也称两用扳手，一端为梅花状，另外一端为开口状，在使用上更加方便，其形状如图2-4所示。在使用中要遵从：如果是拧松螺栓、螺母时，应该先用梅花端，再用开口端；如果是拧紧螺栓、螺母时，就可以先用开口端，再用梅花端。

4.活动扳手

• 结构：由固定钳口和可调钳口两部分组成，开口的开度大小由其调节螺栓来调整，如图2-5所示。

图2-4　组合扳手

图2-5　活动扳手

• 功用：适用于尺寸不规则的螺栓、螺母的拆装，可用来代替多个尺寸的扳手。

• 使用注意事项：

①使用时必须调整好活动钳口的宽度大小，使钳口和螺栓、螺母的对面贴紧无松旷感。同时，要使固定钳口受拉力，活动钳口受推力，这样才不容易使钳口变大，不造成螺栓和螺母的棱角损伤和扳手损坏。

②不可以用在较大扭矩的螺栓和螺母的拆装上。因为钳口不是完全固定的，在大的力矩下容易损坏螺栓、螺母的棱边。

③保持活动扳手的清洁和调节螺杆的润滑。

5.内六角扳手

• 结构：常见的类型有"L"形和"T"形。"T"形多用于快速操作；"L"形的长端制成球形，便于狭小角度空间的操作，如图2-6所示。

图2-6　内六角扳手

• 功用：用于拆装内六角和花形内六角螺栓，多用在扭矩较小的地方。

• 使用注意事项：

①尺寸大小应与内六角螺栓相符。

②不允许在内六角扳手上施加过大的扭矩或进行加长，否则易使扳手扭曲变形或断裂。

二、套筒类工具

套筒类工具应用十分广泛。它是利用一套套筒和与之配合使用的带方榫手柄的配合工具完成对螺栓、螺母的拆装。套筒扳手是最为方便、灵活和安全的工具，也最不易损坏螺栓、螺母。

1.套筒

• 结构：呈短筒状，钳口端内部呈六角形或十二角形，容易套住螺栓；另外一端制成方形孔与手柄等的方榫配合，如图2-7所示。

• 功用：容易较好地套住螺栓、螺母，配合配套工具一起进行拆装。

• 分类和规格：

①按照套筒尺寸大小来分，可以分为不同的型号，如16 mm、18 mm等，能拆装与之对应尺寸的螺栓和螺母，如图2-8所示。

图2-7　套筒　　　　　　　　　　　　　　图2-8　不同尺寸的套筒

②按照套筒的花纹不同来分，可分为六角形和十二角形等，如图2-9所示。

③按照套筒的方榫孔的大小来分，可分为大、中、小3个系列，如图2-10所示。

图2-9　六角形和十二角形的套筒　　　　图2-10　大、中、小3种套筒

④按照套筒的深度来分，可分为深、浅两类。深的往往用于螺栓突出的螺帽，如火花塞套筒等，如图2-11所示。

其他有特殊用途的套筒如下：

• 风动套筒：与风动扳手配套使用的套筒。如拆卸轮胎螺母的风动套筒，它是由特殊的合金钢制成，壁加厚，强度降低，但韧性增加。风动扳手只能选用风动套筒，不可以用普通套筒。因为风动扳手在工作时会产生较大的瞬间冲击力，容易造成套筒的损坏，如图2-12所示。

图2-11　深、浅两种套筒　　　　　　图2-12　风动套筒

• 旋具套筒：与手柄配合使用，组成类似于螺丝刀或六角扳手等，用来拆卸不同的螺栓或较大扭矩的小螺钉等，如图2-13所示。

• 花形套筒：它分为六角和十二角两种。六角花形套筒与螺栓、螺母接触面积大，容易受力，不容易损坏螺栓、螺母的

图2-13　旋具套筒

棱边，而十二角花形套筒方便套住螺栓、螺母，适合在狭小空间完成对螺栓的拆卸，但其不能拆卸棱边已损伤或者大扭矩的螺栓、螺母，容易损坏棱边或产生滑脱现象。

2.套筒的配套工具

套筒的配套工具有很多种，分别适合不同的作业场合。下面介绍几种常用的配套工具。

（1）扭力扳手（图2-14）

图2-14　扭力扳手

● 功用：适合于有规定扭矩要求的螺栓和螺纹的拆装，如对缸盖螺栓的拆装等。

● 特点：一是适合较大的扭矩；二是能显示扭矩值的大小。

● 类型：分为指针式和预置式。

● 使用注意事项：一般使用到扭力扳手上刻度的50%~70%量程，同时施加均匀的力。不要骤然用力过大，否则不容易获得准确测量值。不要使指针变形，使用前指针应对零。

预置式扭力扳手的应用越来越多，按扭力大小分为多种规格以适合不同的场所。它有一个扭力大小刻度线，可以通过旋转手柄对扭力进行设置。当使用中扭力达到预定值时会发出"咔哒"声。

扭力扳手一般与其他扳手配合使用，拧紧前可用其他扳手预拧紧，再用扭力扳手拧紧；拧松前则可用扭力扳手先拧松，再用其他扳手拆下，以提高工作效率。

（2）棘轮扳手（图2-15）

棘轮扳手多应用在较小扭矩或有限空间处的快速作业场所，其头部安装有棘轮装置，可以进行单向的快速扳转。另外，可以通过调整锁紧装置改变旋向。

（3）接杆、滑杆、接头（图2-16）

● 接杆：尺寸大小有多种。它是加装在套筒与配套手柄之间，用于不适合安装配套手柄之处，可调节手柄高度，便于操作。

● 滑杆：通过滑动改变方榫部分在杆上的位置以适应不同的场所，需在较大空间内操作。

● 接头：包括可弯式接头、万向接头、三用接头等，便于操作。

图2-15　棘轮扳手

图2-16　接杆、滑杆、接头

友情提示

套筒类工具的使用注意事项：

①套筒选用必须与螺栓、螺母的尺寸、形状以及特征相符合，否则容易导致套筒打滑或者受损，也会导致对螺栓和螺母的损伤。

②不可使用磨损较大或者已经破损的套筒。

③严禁强行将套筒套在螺栓、螺母上。

④保持好套筒的清洁。

三、钳子类工具

汽车维修作业中常会用到各种不同功能的钳子，应该根据情况合理选用和正确使用。常用的钳子有尖嘴钳、钢丝钳、鲤鱼钳、卡簧钳、大力钳等，如图2-17所示。

图2-17　各种钳子类工具

●尖嘴钳：用在密封的空间或狭小空间中，或用于夹紧小零件。同时它还有一个朝向颈部的刀片，可以用来切割、剥取细导线。

●钢丝钳：用来夹持零件或切割金属丝等。

●鲤鱼钳：用来夹持拉动零件，弯曲或扭转工件。可以通过调节其支点上的孔，使钳口的开度发生变化以满足挟持不同工件的需要，也可用其颈部切断细小金属件。

●大力钳：主要用于夹紧工件，能产生较大的夹紧力，不容易松动。

●剪钳:用于切割、剥取细金属导线。但注意不可切割粗硬的导线，容易造成刀口损伤。

●卡簧钳：专门用来拆卸和安装卡簧的工具。分为直嘴和弯嘴两种结构形式；也分为轴用和孔用两种形式。

友情提示

钳子类工具使用注意事项：

①不可以用钳子来敲击、撬动物体，容易造成钳子的损坏。

②不可以用钳子拧紧或拧松动螺栓、螺母，会造成螺栓、螺母棱边损坏。

③要保护好钳子柄上的绝缘层，保持钳子的扳动灵活。

④严禁对钳子头部施加过大力矩或用钳口撬物体，以防止钳口变形或断裂。

四、螺丝刀类工具

汽车上有许多零部件都是用螺丝钉连接起来的，这就使得在汽车维修中一定会用到螺丝刀类工具。螺丝刀又称起子或改锥，如图2-18所示。

●功用：螺丝刀类工具多用来拆装头部呈一字形或十字形的螺钉、螺栓等。其旋转的扭矩比较小。

●分类：按照螺丝刀尖端部的形状来分，有一字形螺丝刀（也称平口螺丝刀）和十字形螺丝刀（也称梅花螺丝刀）。同一形状的螺丝刀也有大小之分，使用时要根据螺钉的头部大小来选择相对应的螺丝刀。

图2-18　螺丝刀

友情提示

螺丝刀使用注意事项：

①选用时，螺丝刀尖端尺寸、形状要与螺钉头部尺寸、形状匹配，否则将会导致螺丝刀本身的损伤或者螺钉头部的损伤。

②应该按用途选用螺丝刀。

③不可用螺丝刀撬动物体。

特殊螺丝刀是指和普通螺丝刀结构不同，具有特殊用途的螺丝刀，例如：

●方柄螺丝刀：用在需要大力拧动的地方，可以与开口扳手配合使用以增大力矩，如图2-19所示。

●短柄螺丝刀：用于有限空间的操作，如图2-20所示。

●穿透螺丝刀：可以承受尾部的敲击，加强对螺钉的冲击效果，有助于螺钉的松动。多用于拆卸不易松动的螺钉、螺栓。

●精密螺丝刀：尺寸型号较小，用于拆装小零件，多用于电器维修作业。

●冲击螺丝刀：也称锤击式加力螺丝刀，主要用于拆卸生锈或过紧不易松动的螺钉。在使用时，它是利用瞬间冲击力松动螺钉来完成拆卸，如图2-21所示。

图2-19　方柄螺丝刀

图2-20　短柄螺丝刀

除穿透螺丝刀、冲击螺丝刀外，其他螺丝刀切勿在尾部撞击，否则易损伤螺丝刀本身。

冲击螺丝刀在使用时一定要注意锤击方向。如果将手柄逆时针旋转到底则锤击时其选装方向为顺时针，反之亦然。

图 2-21　冲击螺丝刀

任务实施

一、使用扳手类工具

1.操作准备

● 准备不同规格、类型的螺栓和螺母。

● 准备不同规格、类型的扳手工具。

● 准备发动机总成、工作台、润滑油、抹布等。

2.操作过程

①开口扳手的使用，如图2-22所示。

友情提示

开口要套住螺母的6个侧面无松动感。左手护住扳手与螺母，右手在扳手手柄上面，紧握扳手旋转拧动。

图2-22　使用开口扳手

②梅花扳手的使用，如图2-23所示。

友情提示

操作时将梅花环完全套住螺母，夹住无明显松动感，靠底放平完全包住。一手护住扳手与螺母连接处，另一手握住扳手另一端旋转拧动。

图2-23　使用梅花扳手

③练习组合扳手的使用：拆卸时，可以先用梅花端拧松，再用开口端完全拆下螺栓和螺母；安装时，先用开口端拧紧，再用梅花端完全拧紧螺栓、螺母。

④活动扳手的使用，如图2-24所示。

⑤内六角扳手的使用，如图2-25所示。

⑥整理、清洁扳手和工作台，润滑活动扳手调节螺栓等。

友情提示

调节活动扳手的钳口,使其与螺母六角的整个对面贴紧无松动感,放平套住螺母。然后左手护住活动扳手与螺母接触处,右手在扳手尾端拧动扳手,拧到极限位置后取出扳手。重复动作,直至拧紧。

图2-24　使用活动扳手

图2-25　使用内六角扳手

友情提示

选取与螺栓内六角形状及尺寸大小一致的内六角扳手,安装时应与螺栓成一线。操作时一手将内六角扳手与螺栓、螺母接触处压住,另一手拧动扳手,直至完全拧松或完全拧紧。扳手在操作时一般是朝自己身边进行拉扳。

二、使用套筒类工具

1.操作准备

● 准备不同规格、类型的螺栓和螺母。

● 准备不同规格、类型的套筒扳手和配套工具。

● 准备发动机总成、工作台、润滑油、抹布等。

2.操作过程

（1）扭力扳手的使用（图2-26）

①清洁、检查扭力扳手,如图2-27所示。

②打开锁止机构,如图2-28所示。

③调整、设置力矩大小,完成后锁止。

④选择套筒、接杆并安装,如图2-29所示。

⑤调节棘轮机构,并将套筒安装到螺栓、螺母上套正。

⑥在操作过程中要弓步站立,左手按在锁紧头部,右手握住手柄部往身体方向拧动。不可往外推,防止滑脱。转动不大于120°,当听到"咔塔"声时证明已经达到设定力矩,应停止拧动。

使用扭力扳手

图2-26　使用扭力扳手

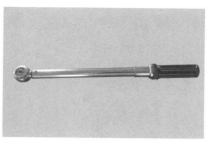

图2-27　清洁扭力扳手

图2-28　打开锁止机构

图2-29　连接套筒、接杆

⑦取下套筒、接杆，打开锁止机构，调整扭力扳手到最小值，如图2-30所示。

⑧清洁扭力扳手、套筒、接杆等，放回工具盒内。

（2）棘轮扳手的使用

①清洁、检查棘轮扳手、套筒等。

②连接套筒。右手按住棘轮扳手锁止按钮，安装套筒，然后松开，检查连接是否正常，如图2-31所示。

图2-30　取下套筒、接杆

使用棘轮扳手

图2-31　连接套筒

③调整、扳动滑动手柄，有拧紧和拧松两个方向。将套筒安装到螺栓、螺母上套正。

④在操作时要弓步站立，左手护住连接处，右手握住手柄部往身体方向扳动。一般在40°左右范围内来回摆动，不允许旋转360°，如图2-32所示。

⑤完成操作后，右手按住棘轮扳手锁止按钮，取下套筒，如图2-33所示。

⑥清洁棘轮扳手、套筒等，放回工具盒里。

图2-32　拧紧螺栓、螺母

图2-33　取下套筒

三、使用钳子类工具

　　1.操作准备

　　●准备尖嘴钳、钢丝钳、鲤鱼钳、大力钳、剪钳等工具。

　　●准备薄铁皮、钢丝、导线、线束、小零件等工件。

　　●准备工作台、润滑油、抹布等。

　　2.操作过程

　　①尖嘴钳的使用：夹取小零件和切割小导线，如图2-34所示。

图2-34　使用尖嘴钳

　　②钢丝钳的使用：夹持工件和切割金属丝，如图2-35所示。

图2-35　使用钢丝钳

　　③鲤鱼钳的使用：夹持工件，控动工件，弯曲、扭转工件，切割细导线。

　　④大力钳的使用：夹紧钢片。

　　⑤剪钳的使用：切割、剥取导线，如图2-36所示。

　　⑥卡簧钳的使用：拆活塞环或卡簧，如图2-37所示。

　　⑦整理、清洁钳子和工作台，润滑钳子活动部位。

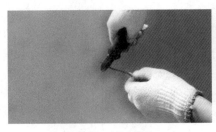
图2-36　使用剪钳

图2-37　使用卡簧钳

四、使用螺丝刀类工具

1.操作准备

- 准备平口螺丝刀、梅花螺丝刀等工具。
- 准备螺栓、螺钉等工件。
- 准备工作台、润滑油、抹布等。

2.操作过程

①将螺丝刀插入螺钉头部，用手握住螺丝刀，手心抵住手柄尾部。

②保持螺丝刀与螺钉尾端同轴成直线，压紧，然后拧动。

③清洁、整理。

> **友情提示**
>
> 刚开始拆卸时或要拧紧时，螺丝刀的压力应稍大，必须压住，如图2-38所示。

图2-38 使用螺丝刀

任务拓展

一、工具箱

工具箱一般是手提式的，便于携带，适合野外作业，多用塑料或金属材料制成，如图2-39所示。

二、工具车

工具车多为柜式的，采用分层的抽屉式结构，分类定位存放工具，保存的工具更多，清点、拿取更方便。采用滑轮方便移动，适合维修车间使用。顶部设计有工作台，可以在操作时摆放工量具等，方便操作，如图2-40所示。

图2-39 工具箱

图2-40 工具车

> **友情提示**
>
> 工具箱与工具车在使用中应定期进行清洁、检查维护。

任务检测

简答题

    1.常用的手动工具有哪几类？

    2.扭力扳手分为哪两类？

    3.扳手的选用原则是什么？

    4.螺丝刀按尖端形状分为哪几类？

评价与反思

评价表

序号	项　目	考核内容	配分/分	考核标准	得分
1	7S	被测工件、工作台的清洁	10	少清洁一项扣2分	
2	技能考核	扳手类工具选择和使用	20	操作不规范，酌情扣1~5分	
		套筒类工具选择和使用	20	操作不规范，酌情扣1~5分	
		钳子类工具选择和使用	20	操作不规范，酌情扣1~5分	
		螺丝刀类工具选择和使用	20	操作不规范，酌情扣1~5分	
3	安全	工具设备使用安全	5	违规一次不得分	
		操作安全	5	违规一次不得分	
总　分			100	合　计	

反思

    1.扳手类工具在选择和使用时如何能做到又快又准？

    2.如何保养手动工具？

任务二　使用电、气动工具

任务描述

    在汽车的维修作业中，除了要用到手动工具外，还会使用到电、气动工具，如电钻和风动扳手等。使用电、气动工具可以提高作业效率，降低劳动强度，但是，操作不当也会存在更大的安全隐患。

任务目标

完成本任务的学习后，你应能：

★ 认识各种电、气动工具；

★ 熟练使用各种电、气动工具；

★ 掌握各种电、气动工具的保养及简单的维修。

建议学时：4学时。

相关知识

电、气动工具的种类有很多，本节重点介绍钻孔类电动工具和扳手类气动工具。

一、电动工具

- 功用：电动工具是利用电力作为驱动力，主要用于工件的钻削、切割和打磨等。
- 类型：汽车维修中最常见的电动钻削工具有台钻、手电钻两种。

◆ 台钻：台钻的安装是固定的，不便移动，但其加工精度高，有易于控制的特点，如图2-41所示。

◆ 手电钻：汽车维修中使用最多的是手电钻。手电钻便于携带，使用方便；缺点是加工精度不高，不易控制。手电钻包括手提式和手枪式两种，电源分为外加电源和内置电池两种形式。另外，手电钻一般都有转速调整装置，通常设有两种转速，也有转速范围内可进行任意调整，如图2-42所示。

图2-41　台钻　　　　　　　图2-42　手电钻

◆ 钻头：与电钻配合使用的是钻头，一般用麻花钻，由柄部和工作部分组成。

柄部：用来装夹钻头，并传递力矩。

工作部分：包括切削和导向部分。切

> **说一说**
>
> 手电钻的铭牌包含哪些信息？
> 钻头柄部上的标志表示什么意思？

削部分是由横刃和2个主刀刃起切削作用；导向部分为对称的两条螺纹槽，起导向、排屑和输送冷却液的作用。

- 安全使用要点：

①电动工具必须使用三相插头，并保证插座已接好保护零线。一定要有电源开关来控制。

②电动工具的插头与电线必须保证完好无损，无破损、脱落、无金属丝外露。电线的

规格必须符合相关技术要求。

③使用电动工具时必须保证环境整洁、干燥无水和油。

④严格按照产品使用说明书的安全操作规程使用。

友情提示

电动工具插头插好后，再打开电源开关通电；停止使用电动工具时应该先关电源开关，再取下电动工具插头。

线路漏电是十分危险的，所以应该随时检查电钻的电线、接头。

•电动工具的维护：应定期清洁电动工具并进行安全检查，包括插头、线路的完好检查，工作状态正常检查等，确保使用安全。

二、气动工具

•功用：气动工具是以压缩空气为动力源驱动，主要用于紧固、钻孔、切割、打磨等。

•类型：气动工具按其基本用途可分为：剪切类气动工具、装配类气动工具、砂磨加工气动工具、铲锤类气动工具及其他类。汽车维修中常见的气动工具是装配类气动工具，如风动扳手，用于快速拆装螺栓、螺母。

◆冲击式风动扳手：适用于较大扭矩的螺栓、螺母的拆装，如轮胎螺母的快速拆装，其扭矩大小和旋向一般是可以调整的，如图2-43所示。

图2-43　冲击式风动扳手

◆冲击扳手套筒：一般与冲击扳手配合使用。另外，风动接头、接杆等也和冲击扳手配合使用。

看一看

冲击扳手套筒与普通套筒有什么不同？

•安全使用要点和维护：

①应依据需要拆装的螺栓、螺母的扭矩大小来选择气动工具。

②一定要在正确合适的气压下使用，并保持空气的干净、干燥，否则容易导致内部部件生锈。气动工具使用完后应及时断开气源。

③应依据需要拆装螺栓、螺母的类型、扭矩大小、位置等来调整气动工具，包括工具大小和旋向调整，套筒、接头、接杆的选配。

④用气动工具从螺栓上拆螺母时，注意旋转力，如过大会使螺母飞出。

⑤使用气动工具时，会有震动和反向冲击力，所以要注意安全。

友情提示

冲击式风动扳手千万不要使用专用的冲击扳手套筒以外的其他套筒。

⑥气动工具的维护主要是保持清洁和定期润滑，要放在干净、干燥的地方。

任务实施

一、使用手电钻

1.操作准备

准备手电钻、工件、台虎钳、手套等工具。

2.操作过程

①夹紧工件，防止松动造成钻头损耗和人身伤害。

②操作时应保持身体平衡和稳固的姿势，压正工件，但不可以用力过猛。同时，注意调整转速，不要过低，要避免刃口退火或对钻头的损坏，如图2-44所示。

③操作时，要保持好钻头和工件的相对固定，同时控制好走刀量。

④清洁、维护电动工具。

⑤清洁、整理操作场地。

图2-44 使用手钻

> **友情提示**
>
> 如果操作时间过长，一定要用冷却液冷却。
>
> 当操作中出现突然的停止转动或其他异常现象时，必须立即断电检查。

二、使用冲击式扳手

1.操作准备

准备冲击式风动扳手组件、车连、轮胎、工具车等工具和物品。

2.操作过程

拆装车轮螺栓的操作过程如下：

①冲击式风动扳手的安装、检查和调整。先进行气管接头连接，不要漏气，然后检查和调整旋向和扭矩大小，应选择扭矩较大的挡，如图2-45和图2-46所示。

> **想一想**
>
> 不正确的旋向和扭矩大小的选择会有什么影响？

图2-45 连接气管

图2-46 调整旋向和扭矩

②拆卸轮胎螺栓。启动风动扳手前先用手将套筒对准螺母导正，身体保持平衡稳定，两只手握住工具进行操作，如图2-47所示。

一般转动轮胎螺栓到正上方进行拆装。当拆到最后一颗螺栓时，要有保护措施防止轮胎掉落，风动扳手不要完全拆下螺栓，保持3～5牙用手慢慢拆下。

③安装轮胎螺栓。按记号装回轮胎，调整旋向和扭矩大小，应选择扭矩较小的挡。可先用手装入3～5牙，再扳动风动扳手，最后用扭力扳手按规定扭矩扭紧，如图2-48所示。

④对电动工具进行清洁和润滑维护。

⑤整理、清洁操作场地。

友情提示

操作电、气动工具时不可以戴普通手套，小心头发、衣物等卷入其中。

图2-47　拆卸轮胎螺栓

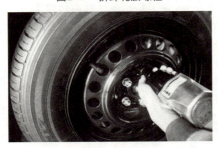

友情提示

拆装轮胎螺栓要按照"对角交叉"的顺序进行。

图2-48　安装轮胎螺栓

任务检测

简答题

1.麻花钻由哪几部分组成?

2.冲击式风动扳手可以配合普通套筒使用吗?

3.使用电动或气动工具可以戴棉线手套吗?

评价与反思

评价表

序号	项　目	考核内容	配分/分	考核标准	得分
1	7S	被测工件、工作台的清洁	10	少清洁一项扣2分	
2	技能考核	台钻和手电钻的使用	20	操作不规范，酌情扣1～5分	
		棘轮扳手的使用	20	操作不规范，酌情扣1～5分	

续表

序号	项 目	考核内容	配分/分	考核标准	得分
2	技能考核	风动扳手的安装和使用	20	操作不规范，酌情扣1~5分	
		轮胎螺母的拆装	20	操作不规范，酌情扣1~5分	
3	安全	工具设备使用安全	5	违规一次不得分	
		操作安全	5	违规一次不得分	
	总 分		100	合 计	

反思

1 如何能快速地拆装轮胎螺栓？

2.如何能延长气动工具的使用寿命？

任务三 使用专用工具

任务描述

汽车上的零部件和结构形状各异，有些部位的零部件必须使用专用工具才能合理拆装，所以在维修工作中会用到一些特殊的专用工具（简称SST）。使用专用工具可以避免造成零部件受损，提高工作和生产效率，保证维修的质量。

任务目标

完成本任务的学习后，你应能：

★ 认识专用工具的结构；

★ 记住各种专用工具的使用方法；

★ 完成各种专用工具的维护保养。

建议学时：4学时。

相关知识

一、爪拉马（拔拉器）

- 功用：拆卸齿轮和轴承。
- 特点：对工件配合面损伤较小。
- 类型：分为两爪和三爪两种。
- 结构：由中间的螺杆和拉爪两部分组成，螺杆的前端成锥形，后端有供扳手转动的六角螺母，如图2-49所示。当拉爪抓住工件，转动螺杆时会产生很大的拉力，这样就可以拉出工件。

• 使用注意事项：

①装夹要平稳，以免造成拉爪的拉持部位损伤。在预紧固定后再缓缓转动螺杆拉出工件。

②不用时注意保养和维护拉马，避免螺纹受损和拉具变形、损坏。

图2-49 爪拉马

图2-50 气门拆卸钳

二、气门拆卸钳

• 功用：通过压弹作用安装或取出镜片，完成对气门的拆装。

• 结构：其外形如图2-50所示。

• 使用注意事项：使用时要注意上下对正，缓缓用力。日常要注意清洁保养。

三、活塞环装卸钳

使用卡簧钳

图2-51 活塞环装卸钳

• 功用：用于对活塞环的拆装，避免活塞环受损和手部受伤。

• 结构：其外形如图2-51所示。使用时用环卡卡住活塞环开口间隙，慢慢压缩手柄，活塞环会逐渐张开，这时就可以安装或取出活塞环。

• 使用注意事项：使用的时候要注意操作的灵巧性。另外，日常应注意保养和清洁。

四、碟式刹车分泵调整器

• 功用：用于压回制动分泵活塞，调节制动分泵活塞位置，便于更换刹车片。

• 结构：其外形如图2-52所示。

• 特点：操作方便、简单，是汽修厂必备的专用工具之一。

• 使用注意事项：须选用大小合适的压盘组装。

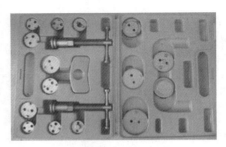

图2-52 碟式刹车分泵调整器

五、黄油枪

• 功用：用于各润滑点加注润滑脂。

●结构：由油嘴、压油阀、进油孔、弹簧、活塞杆等组成，如图2-53所示。

●使用注意事项：注油时，如无法注油，应立即停止，并查明堵塞原因，排除后再进行注油。

六、机油滤清器拆卸工具

●功用：专用于拆卸和安装机油滤清器。

●结构：呈碗状，中间有方隼孔，配合棘轮扳手或扭力扳手使用，如图2-54所示。

图2-53　黄油枪

●使用注意事项：应根据机油滤清器的大小选择正确的拆卸工具。

汽车维修专用工具较多，还有球头拆卸工具（图2-55）和氧传感器拆卸工具（图2-56）等，这里就不一一介绍。

图2-54　机油滤清器拆卸工具

图2-55　球头拆卸工具

图2-56　氧传感器拆卸工具

任务实施

使用各种手用工具

1.操作工具

●准备爪拉马、气门拆卸钳、活塞环装卸钳、扳手等工具。

●准备发动机总成及部件。

●准备清洁工具、检查工具、零部件和工作台等。

2.操作过程

①用爪拉马拆卸皮带轮，如图 2-57所示。

②使用气门拆卸钳拆下气门。

> **友情提示**
>
> 拉马要放正，爪的位置要正确。小心气门锁片飞出伤人，要善存放锁片不要随意丢失。

图2-57　拆卸皮带轮

③用活塞环装卸钳拆装活塞环。

④做好清洁、润滑和整理的工作。

任务检测

简答题

　　1.爪拉马常分为哪两种类型？

　　2.气门装卸钳的作用是什么？

　　3.活塞环装卸钳的作用是什么？使用时要注意什么？

评价与反思

评价表

序号	项　目	考核内容	配分/分	考核标准	得分
1	7S	被测工件、工作台的清洁	10	少清洁一项扣2分	
2	技能考核	用爪拉马拆皮带轮	20	操作不规范，酌情扣1~5分	
		气门拆卸钳的使用	20	操作不规范，酌情扣1~5分	
		活塞环的拆装	20	操作不规范，酌情扣1~5分	
		正确选用专用工具	20	选择不合理，酌情扣1~5分	
3	安全	工具设备使用安全	5	违规一次不得分	
		操作安全	5	违规一次不得分	
总　分			100	合　计	

反思

　　1.如何快速、正确安装爪拉马？

　　2.怎样才能避免拆卸活塞环时造成损坏？

项目三 汽车维修常用设备的使用

汽车维修常用设备就是在汽车维修过程中频繁使用的设备，也就是说这些设备在车辆维修过程中是不可或缺的，其作用是无法替代的。所以了解这些常用设备的结构、工作原理，掌握其正确、安全的操作步骤及维护保养方法是一名汽车维修人员必须具备的素质。

任务一　使用压缩空气系统

任务描述

　　压缩空气系统在汽车维修、检测中经常用到，了解其结构、原理、使用方法和保养是非常必要的。

任务目标

完成本任务的学习后，你应能：
★ 记住压缩空气系统的分类；
★ 记住压缩空气系统的结构；
★ 使用和维护压缩空气系统。
建议学时：4学时。

相关知识

一、压缩空气的作用

　　1.压缩空气的特点

　　空气具有极好的弹性（即可压缩性），是储存压力能的良好介质，同时压缩空气使用方便、安全可靠，易于储送。

　　2.压缩空气的用途

　　在从事汽车维修的4S店和快修中心，压缩空气的使用是必不可少的，最常用于喷漆、气动拧螺栓、轮胎充气。

　　压缩空气的特殊用途：

　　●检查泄漏的部位：汽车上的气管、油道及冷却系统，常有不同程度的泄漏，为了寻找隐蔽泄漏处，可以将机件浸入水中或涂以肥皂水，向机件冲入压缩空气，就可以顺利查出泄漏点。

　　●拆卸卡滞的活动件：在气压、液压元件或其他部件中，常会遇上因某种缘故而使活动件卡滞很难拆卸，对此可冲入压缩空气将活动件拆下。

　　●清洗零件表面：汽车零件种类繁多，形状复杂，清洗困难，零件内外表面极易吸附污垢或金属碎屑，用一般的清洁手段很难清洗干净，而清洁度对装配质量和正常使用的影响又甚大，利用压缩空气能将各类零件清洗干净。

　　●疏通堵塞的管道：汽车中的承道、气道和油道，常因异物进入而部分或全部堵塞，沿异物进入方向冲入压缩空气，则可迅速予以疏通。

　　●排放液压系统中的空气：有些汽车的离合器操纵系统和行车制动系统采用液压系

统，经常需要排放液压系统中的空气，可以采取从贮液罐口冲入压缩空气的方法，快速地将系统中的空气排放干净。

二、压缩空气系统

● 功用：压缩空气系统主要用于空气的过滤、空气的压缩、空气的冷却、油和水分的排除、空气的贮存与输送等。

● 组成：压缩空气系统主要由空气压缩机、储气罐、干燥机、过滤器、输气管道、阀门、冷却器等组成，如图3-1所示。

◆ 空气压缩机：在一般的压缩空气站中，最广泛采用的是活塞式空气压缩机；在大型压缩空气站中，较多采用离心式或轴流式空气压缩机。以往汽车4S店维修中的空压机大多是活塞式空气压缩机，随着对噪声及智能化的要求越来越高，现在很多规模较大的4S店和高端汽车维修中心都陆续采用了低噪声、机电一体化的螺杆式空气压缩机。

◆ 储气罐：其作用是减弱活塞式空气压缩机排除的气流脉动，提高输出气流的连续性及压力稳定性，进一步沉淀分离压缩空气中的水分和油分，保证连续供给足够的气量。贮气罐分立式和卧式两种，立式使用较多，其高度为直径的2～3倍。

图3-1　压缩空气系统

◆ 干燥机：任何压缩空气系统，有水都会引起问题。它不但降低了风动设备的效率，而且会造成设备的腐蚀和故障，增加维护成本。所以需要使用干燥机除去压缩空气中的水分。目前最常用的干燥机是吸附式干燥机和冷冻式干燥机。吸附式干燥机利用变压吸附的原理，在湿空气通过吸附剂时，水分被吸附剂吸附，得到干燥空气；冷冻式干燥机利用冷却空气，降低空气温度的原理，将湿空气中的水分通过冷凝后从空气中析出，得到较干燥的空气。

◆ 过滤器：根据不同的需求、过滤效率、过滤精度等，有很多种型号。常用的4种空气过滤器的性能见表3-1。

表3-1　4种空气过滤器

型号	性能	应用范围
C级 离心式油水分离器	能除去大量的液体及3μm以上的固体微粒，达到最低残留油分含量仅5ppm，有少量的水分、灰尘和油雾	一般往复式空压机前置过滤。用于空压机、后部冷却器之后，其他过滤器之前，作一般保护之用；用于冷干机之前，作为前处理装置

续表

型号	性能	应用范围
T级 主管路过滤器	能滤除小至1μm的液体及固体微粒，达到最低残油分含量仅0.5ppm，有微量水分、灰尘和油雾	一般螺旋式空压机前置过滤。用于A级过滤器之前作为前处理之用；用于冷干机和吸干机之后，进一步提高空气质量
A级 微油露过滤器	能滤除小至0.01μm的液体及固体微粒，达到最低残油含量仅0.001ppm，几乎所有的水分、灰尘和油都被去除	一般空气压缩机后置过滤。用于H级过滤和吸干机之前，起保护作用；用于冷干机之后，确保空气中不含油
H级 精密过滤器	能滤除小至0.01μm的油雾及碳氢化合物，达到最低残油含量仅0.003ppm，不含水分、灰尘和油，无臭无味	作为高度精密过滤专用。起最后一道过滤作用，供一些必须使用高质量空气的单位使用，如食品、医疗用品企业等

●操作注意事项：

①操作人员先要熟悉该空压机的结构、性能、工作原理、操作程序及其注意事项等。

②操作人员必须经过技术培训和安全培训，经考试合格后持证上岗，无证不得操作。

③启动前检查：

a.检查油气分离器中润滑油的容量，正常运行后，油位计中油面在上限和下限中间之上为最佳。

b.检查供气管路是否疏通，所有螺栓、接头是否紧固。

c.检查低压配电柜上的各种仪表指示是否正确，电器接线是否完好，接地线是否符合标准。

d.试车时，应从进气口内加入0.5 L左右的润滑油，并用手转动数转或者点动几下，以防止启动时压缩机内失油烧毁，特别注意不要让异物掉入机体内，以免损坏压缩机。

e.启动前，应打开压缩机排气阀门，关闭手动排污阀，操作人员应处于安全位置。

●运转中检查和注意事项：

①检查各种电气仪表指示是否正常。

②倾听机器各部件工作声响有无变化。

③检查各部件温度，确保不超过规定数值。

④检查润滑油油位是否正常，运转中禁止摸拭转动部位。

⑤更换油气分离器时，注意静电释放，要把内金属网和油桶外壳联通起来，防止静电累积引起爆炸。同时须防止不洁物品掉入油桶内，以免影响压缩机的运转。

⑥压缩机因空载运行超过设定时间时，会自动停机。此时，绝对不允许进行检查或维修工作，因为压缩机随时会恢复运行。带单独风机的机组，其风机的运行停止是自动控制的，切不可接触风扇，以免造成人身伤害，机械检查必须先切断电源。

●维护保养建议：

◆每周：

①检查机组有无异常声响和泄漏；

②检查仪表读数是否正确；

③检查温度显示是否显示正常。

◆每月：

①检查机内是否有锈蚀、松动之处，如有锈蚀则去锈上油或涂漆，松动处上紧；

②排放冷凝水。

◆每三个月：

①清除冷却器外表面及风扇罩、扇叶处的灰尘；

②加注润滑油于电动机轴承上；

③检查软管有无老化、破裂现象；

④检查电器元件，清洁电控箱。

任务实施

使用空气压缩系统

1.操作准备

准备空气压缩系统及其管路、气动扳手等设备和工具。

2.操作过程

①开机前准备工作：检查油气分离器中油位，略微打开油气分离器下方的泄油阀，以排除其内可能存在的冷凝水，确定无冷凝水后拧紧此阀，打开压缩机供气口阀门，打开汽包泄水阀，确认没有冷凝水后，关闭阀门。

②开机：合上电源开关，接通电源，观察操作面板上有无故障报警。若有异常显示应立即断电，故障处理后方可投入使用。本机有逆相保护，电机严禁反转。

③启动：按控制面版上的"启动"（ON）键，压缩机按设定模式开始运转。此时应观察显示面板上的各种参数是否正常（压力不超过1 MPa、排气温度不超过110 ℃），是否有异常声音，是否有漏油情况，如有必须立即停机检查。

④运转中：检查各仪表指示是否正常，各部件工作有无异响，各管路有无泄漏等不良情况。待管内压力达到规定值，空气压缩机停止工作后连接气动扳手，检查是否能正常使用。

⑤停机：按控制面版上的"停机"（OFF）键，压缩机开始泄载一段时间后，才会停机，不立即停机是正常现象。

友情提示

若空气压缩机出现特殊异常情况，可按下紧急停机按钮，如需再重新启动要在2分钟之后。空压机严禁带负荷启动，否则会因启动电流过大而损坏电器元件。当空气压缩机不用时，应切断电源，关闭压缩机供气口阀门，排放冷却器、油水分离器、排气管路和风包中的积水。停机检修时，必须拉开电源柜刀闸并挂牌、打接地。

任务拓展

空气动力汽车

如今能源危机越来越严重。有分析家说，如果在未来几十年内不能用新能源取代汽油，那么汽车就是一种即将没落的"生物"。所幸，从事汽车研究的科学家绝不会坐视这灿烂了百年的"生命"死去，先知者投入了大量的人力和财力，积极为汽车寻找求生之道，力求让它在不利环境来临之前完成"生命"的进化。

图 3-2　空气动力汽车

早在19世纪，法国著名科幻小说家儒勒·凡尔纳就曾描绘过这样一幅图景——满街跑着用空气作动力的汽车。2002年在巴黎举行的国际汽车展上，展出了一种不用燃油而使用高压空气推动发动机的小型汽车"城市之猫"（CityCAT），如图3-2所示，发明者为居伊·内格尔（Guy Negre）。

任务检测

一、填空题

1.空气在空压机中被压缩时温度会_____。

2.空压机有异常声音或异常振动时，应_____。

3.空压机油气分离器观察不到油位时，应_____。

二、简答题

1.储气罐的作用是什么？

2.简述空气压缩机的工作流程。

评价与反思

评价表

序号	项　目	考核内容	配分/分	评分标准	得分
1	7S	空压机房的清洁	10	少清洁一项扣2分	
2	技能考核	开机前的检查是否完整	20	未检查不得分	
		运行中检查有无异常情况	20	有异常情况未停机不得分	
		操作是否正确，停机后是否检查	20	危险操作不得分	
		清洁、涂油	20	少一项扣10分	
3	安全	安全操作	10	未按要求操作不得分	
总　分			100	合　计	

反思　1.如何改善压缩空气系统中空气的质量？
　　　　2.如何延长压缩空气系统的使用寿命？

任务二　使用举升设备

任务描述

举升设备是汽车维修、检测中常用的设备，了解其结构、原理、使用方法和保养是非常必要的。

任务目标

完成本任务的学习后，你应能：
★ 说出举升机的结构和种类；
★ 正确使用和维护举升机。
建议学时：4学时。

相关知识

一、汽车维修中常用的举升设备

1.千斤顶

• 功用：千斤顶是一种最常用、最简单的起重工具。

• 特点：千斤顶具有体积小，质量轻的优点。

• 类型：按照其工作原理分为液压式和机械式两类。按照所能顶起的质量可分为 3 t、5 t、8 t、10 t、15 t、20 t等多种不同规格。

液压式千斤顶省力，使用更广泛，但对工作环境有一定要求。在高温或低温环境下，机械式千斤顶有更大的优越性。

液压式千斤顶有卧式（推车式）和立式两种，如图3-3所示。

机械式千斤顶有立式和桥式两种，如图3-4所示。立式千斤顶采用棘轮提升汽车，由于较为笨重，适合于车间内使用，常用规格为3 t和5 t 。桥式千斤顶采用螺杆转动带动杆系形变的原理来举升车辆，其举升质量较小，但轻巧方便，较适合轿车的检修。

2.举升机

• 功用：举升机一般采用电动液压操纵系统驱动，用于举升车辆。

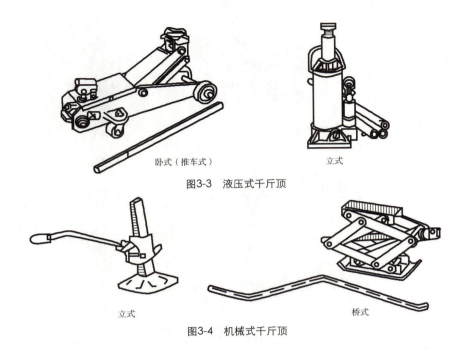

卧式（推车式）　　　　　立式

图3-3　液压式千斤顶

立式　　　　　　　　　　桥式

图3-4　机械式千斤顶

● 特点：举升物体时设有双保险自锁保护装置，具有升降平稳，安全可靠，使用方便等特点。

● 类型：举升机主要有双柱式、四柱式、龙门式、剪式等类型。

◆ 双柱式举升器：双柱举升机主要由液压系统、举升臂、立柱、机械安全锁、起动装置等组成，如图3-5所示。它分为电动液压式和电动链条牵引式，使用开关操纵，升降方便。立柱为固定式，适合对3t以下的轿车、轻型车的专业维修之用。在4S店及普通汽车维修店应用最广。

◆ 四柱式举升器：分为电动液压式和电动链条牵引式，使用开关操纵，升降方便。提升质量可达8t，稳定性好，能满足载货汽车等较大车辆的维护之用。缺点是占用场地大，适合综合性汽车修理厂的使用。

◆ 剪式举升机：剪式举升机占地面积小、安全性能好，升降台下降时有启锁反馈信号，工作可靠，操作简便，具有全液压工作系统，需另外配置压缩空气源，适合多种场合应用。

立柱

举升臂

起动装置
机械安全锁
液压系统

图3-5　双柱举升机

任务实施

使用举升机

1.操作准备

准备举升机（双柱）、教学车辆、手套等设备和工具。

2.操作过程

（1）事前准备

检查举升机的升、降和可靠停驻。

（2）安全检查

检查举升机电源连接情况及场地。

（3）空载试验

按下电源键，举升机上升到目标高度；将举升机锁止在目标高度；将举升机解锁；让举升机下降。

使用举升机

图3-6　拉上手刹

（4）举升和下降车辆

①将汽车驶入举升机内，使汽车重心处在两立柱轴线连线处（轿车重心约在司机坐位中心）。

②将车挂入P挡或N挡，拉上手刹，如图3-6所示。

③确定橡胶支垫的位置（图3-7）：

a.将橡胶支垫中心部位支承在汽车规定可以支承的部位（如焊接梁上）。

b.将伸缩臂调整到最大限度，适当调整橡胶垫的支垫高度，使汽车保持水平状态。

c.将伸缩臂锁紧。

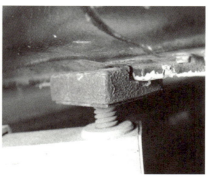

图3-7　确定橡胶垫的支撑位置

④举升车辆：

a.待支点接近车辆时停止举升车辆，如图3-8所示。

b.待支点与车辆接触后，重新检查支点位置，确定无误后将车辆举升离地30 cm，如图3-9所示。

图3-8　举升车辆　　　　　　　　　　　图3-9　举升至30 cm

图3-10　检查车辆是否平稳

　　c.侧面推动车辆，确定车辆稳定后将车辆举升到工作高度，如图3-10所示。在举升过程中，安全制动爪始终处在待制动状态，当松开按键时，电动机、齿轮泵停止运转，制动爪嵌入齿条自动制动。

　　⑤下降车辆。下降时先拉动制动器脱开拉线，脱开拉线在升降小车下方主副各一根，如拉不动，可上升一点再拉，使之脱开。向下压卸荷阀操纵杆，使举升机下降到需要位置。下降过程中需要停止时，只要松开操纵杆。

　　⑥驶出车辆。在汽车退出之前，先将4个臂从汽车下方转出到最初位置，然后慢慢地驶出汽车。

　　（5）整理工位

　　小组同学共同整理工具及清洁地面卫生。

任务拓展

安全使用千斤顶

　　顶起汽车前，应把千斤顶顶面擦拭干净，拧紧压力开关，把千斤顶放置在被顶部位的下部，使千斤顶与被顶部位间相互垂直，以防千斤顶滑出而造成事故。

　　用千斤顶顶车时，应注意千斤顶顶车的部位，严格按各种车型各自的要求进行，如图3-11所示。操作步骤如下：

　　①旋转顶面螺杆，改变千斤顶顶面与被顶部位的原始距离，使起顶高度符合汽车需顶高度。

　　②用三角形垫木，将汽车着地车轮前后塞住，防止汽车在起顶过程中发生滑溜事故。

　　③用手上下压动千斤顶手柄，被顶汽车逐渐升到一定高度，在车架下放入安全支架。

　　④慢慢拧松液压开关，使汽车缓缓平稳地下降，架稳在安全支架上。

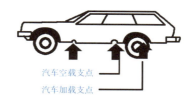

汽车举升支点

汽车空载支点

汽车加载支点

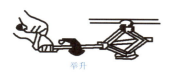

举升

顶举

图3-11　千斤顶使用方法

任务检测

一、判断题

1.人员可以乘坐被举起的汽车一同举升。　　　　　　　　　　　（　　　）

2.举升过程中发现异响应立即停止。　　　　　　　　　　　　　（　　　）

3.双柱举升机支车时，四个支角可以不在同一平面上，只要车辆不歪即可。（　　　）

二、简答题

如何保养才能延长举升机的使用寿命？

评价与反思

评价表

序号	项　　目	考核内容	配分/分	评分标准	得分
1	7S	操作场地的清洁	10	少清洁一项扣2分	
2	技能考核	举升准备是否完善	20	未完善不得分	
		是否按照要求举升车辆	40	少做一项扣10分，有异常情况未停机不得分	
		举升到位后是否锁止	20	未锁止不得分	
3	安全	安全操作	10	未按要求操作不得分	
总　　分			100	合　　计	

反思

1.如何避免举升机在使用过程中出现危险情况？

2.如何改进操作步骤可以提高工作效率？

任务三　使用轮胎拆装机

任务描述

轮胎拆装机用于轮胎与轮辋的拆装，由于使用轮胎拆装机（俗称扒胎机）可以降低操作人员的劳动强度，提高维修效率，并可以避免刮伤轮胎，因此已得到广泛应用。

任务目标

完成本任务的学习后，你应能：
★ 说出轮胎拆装机的结构；
★ 正确使用轮胎拆装机。
建议学时：4学时。

相关知识

轮胎拆装机由操纵杆系统、自定心卡盘系统、胎圈拆装器、脚踏板控制系统组成，如图3-12所示。

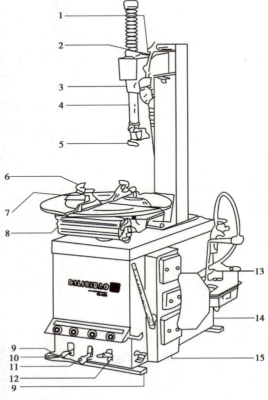

图3-12　轮胎拆装机

1—定位螺栓；2—锁紧杆；3—悬臂；4—垂直立柱；5—拆装头；6—卡爪；7—滑动卡座；8—转盘；
9—转盘转动踏板；10—大铲压胎踏板；11—卡爪开启踏板；12—卡爪闭合踏板；13—大铲臂；14—大铲；15—支承胶板

操纵杆系统的作用是控制立柱上下运动及悬臂水平摆动，使拆装头处于工作位置。它包括定位螺栓、锁紧杆、悬臂、垂直立柱及拆装头。拆装头装在垂直立柱端部，垂直立柱可沿悬臂上下移动，其位置由锁紧杆固定，而悬臂又可带动垂直立柱水平摆动，定位螺栓调整悬臂的水平方位及机头与钢圈的间隙。

自定心卡盘系统用于固定和转动轮辋，由两个自动定心的气缸带动卡爪实现轮辋固定，由电机驱动转盘实现轮辋转动。可用卡爪的内侧或外侧固定轮辋，卡爪由滑动卡座驱动开启或闭合。

胎圈拆卸器由大铲、大铲臂及支承胶板组成。大铲臂在大气缸的驱动下运动，使大铲压下胎圈，使胎圈与轮辋分离。

脚踏板控制系统由转盘转动踏板、大铲压胎踏板、卡爪开启踏板、卡爪闭合踏板组成。转盘转动踏板位于机身两侧，可控制转盘顺时针或逆时针旋转。

任务实施

使用轮胎拆装机

1.操作准备

准备轮胎拆装机、轮胎等设备和工具

2.操作过程

（1）拆胎操作

①准备工作。

a.将轮胎中的空气全部放掉。

b.为避免发生危险，去掉车轮上的平衡块。

②开启胎圈。

a.在胎圈与钢圈接合处涂润滑液或肥皂水，让液体渗入便于铲胎。

b.将轮胎放在地上，竖起靠近支承胶板，用大铲压住后，如图3-13所示，慢慢转动车轮，直到把胎圈全部撬开；换另一面，重复上述动作。

③拆卸轮胎。

a.扳动锁紧杆，松开垂直立柱。

b.将轮胎放于转盘上，踩踏卡爪开启、闭合踏板，使卡爪外夹或内夹夹紧轮辋。

c.按下垂直立柱，使拆装头靠近轮辋边缘，并用锁紧杆锁紧垂直立柱。调整悬臂定位螺栓，使机头滚轮与钢圈外缘间隙为5~7mm，如图3-14所示。垂直立柱锁紧结构如图3-15所示。

d.用撬杠将胎缘撬在拆装机机头上，如图3-16所示，点踩转盘转动踏板，让转盘顺时针旋转，直到胎缘脱落为止。

e.重复以上步骤拆下另一胎缘。

图3-13 开启轮圈

图3-14 轮胎拆卸1

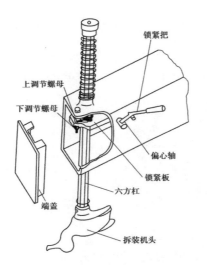

图3-15 垂直立柱锁紧结构

图3-16 拆卸轮胎2

（2）装胎操作

①先给胎唇涂上润滑膏或肥皂水，然后把轮胎套在钢圈上，把拆装头固定到工作位置。

②将胎缘置于拆装头尾部上面、机头下部，如图3-17所示，同时压低胎肚。

③顺时针旋转转盘让胎缘落入钢圈槽内。

④松开钳住钢圈的卡爪，给轮胎充气。

图3-17 安装轮胎

任务拓展

安全使用轮胎拆装机

①使用前应清除轮胎拆装机上及附近妨碍作业的器具及杂物，并检查机器各部是否正常。

②拆卸轮胎时先将轮胎内的气完全放净，去掉钢圈上所有铅块。

③将轮胎放到轮胎挤压位置，反复转动轮胎并操作挤压臂使轮胎和钢圈彻底分离，挤压过程中应防止手、脚深入挤压臂内。

④轮胎搬上拆装台时应避免磕碰设备，踩下踏板锁住钢圈前，应确认卡盘和钢圈之间没有异物，不允许用手指探察钢圈是否放正。

⑤拆装轮胎前应用毛刷在轮胎内圈抹好润滑液，禁止使用矿物油作润滑液。

⑥在拆装轮胎的过程中，用撬棍将轮胎边挑到鸟头上时，应注意撬棍的用力方向和力度，绝不允许将手深入撬开的缝隙中。轮胎边挑上鸟头取出撬棍后，才能踩下踏板使卡盘旋转，将轮胎扒出钢圈。

⑦轮胎充气前应首先确认轮胎气压表是否正常，充气时一定要注意安全，注意观察压力表，以免轮胎过压造成人员伤害。

⑧每天工作结束时必须对机体及周边环境进行清洁，对转动部位注油润滑。

任务检测

简答题

1.拆装汽车轮胎的注意事项有哪些？

2.简述拆装汽车轮胎的步骤。

评价与反思

评价表

序号	项目	考核内容	配分/分	评分标准	得分
1	7S	操作场地的清洁	10	少清洁一项扣2分	
2	技能考核	拆装准备是否完善	20	未完善不得分	
		拆装操作是否正确	40	有一项操作不正确扣10分	
		拆装后轮胎钢圈是否变形	20	钢圈变形不得分	
3	安全	安全操作	10	未按要求操作不得分	
总　分			100	合　计	

反思

1.如果发生危险情况，有哪些应急措施。

2.如何改进操作步骤可以提高工作效率？

项目四 螺纹紧固件

　　螺纹紧固件是汽车中的基本件,用于零部件的连接和定位。在汽车维修过程中,螺纹紧固件在拆卸、安装中能够方便、准确对零件进行定位,使之有效的连接。另外,螺纹紧固件在生活中也是常见的一种连接件,因此学习螺纹紧固件的相关知识会对工作和生活起到作用。

任务一　了解螺纹紧固件的基础知识

任务描述

　　在汽车领域中，很多零部件都是采用螺纹连接的方式进行连接的，了解螺纹紧固件的基础知识，可以帮助维修人员更加快捷地拆卸、更换和装配机件。

任务目标

完成本任务的学习后，你应能：

★ 描述螺纹紧固件的分类和标注规定；

★ 识别螺栓的各强度等级；

★ 记住螺纹紧固件防松锁止的措施。

建议学时：6学时。

相关知识

一、螺纹紧固件的功用和类型

　　•功用：螺纹紧固件是各行各业都普遍使用的零件，在汽车上通过螺纹紧固件把各零部件有效地连接和紧固起来，这样可以保证各零部件被夹紧，避免在高速运转和受力情况下的相对位移。螺纹紧固件之所以可以连接紧固，都是依靠内外螺纹连接，两端的力F互相牵制并相等，如图4–1所示。

　　•标记：常用的螺纹为普通公制螺纹，标记格式为：

螺纹类型	公称直径	×	螺距（导程/线数）	旋向	–	公差带代号	–	旋合长度
①	②		③	④		⑤		⑥

　　①：表示螺纹的牙型，常用的有M表示普通螺纹；Tr表示梯形螺纹；B表示锯齿形螺纹。

　　②：表示螺纹的大径。

　　③：当只有1个阿拉伯数字时，表示单线细牙螺纹；当有导程和螺距时，表示多线粗牙螺纹。

　　④：分为左旋和右旋，右旋常用，可省略不标；左旋用得比较少，单独标"LH"。

　　⑤：由2个数字和2个字母组成，表示中径公差带代号和顶径公差带代号；当只有1个数字和1个字母组成时，表示中径和顶径公差带代号相同。大写字母表示内螺纹，小写字母表示外螺纹。

　　⑥：分为长、中、短3种旋合长度，长用"L"表示，短用"S"表示，中等旋合长度居多，省略不标。

例如：M 20 × 2-L-6e7h

其中，M：螺纹类型为普通螺纹；

20：公称直径为20 mm；

L：螺纹旋合长度为长旋合长度；

6e和7h：分别表示中径和顶径公差带代号，内螺纹。

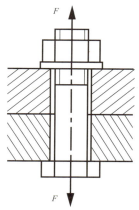

友情提示

> 螺纹有细牙螺纹和粗牙螺纹之分，细牙螺纹占用空间小，自锁性好，用于薄壁零件和对防振要求比较高的零件，但螺纹牙深度较浅，承受力不大；粗牙螺纹强度高，互换性好，具有较大的紧固力。只有细牙螺纹才标螺距，粗牙螺纹不标螺距。

图4-1 螺栓连接受力图

• 类型：螺纹紧固件的种类较多，常用的有六角头螺栓、双头螺栓、螺钉、螺母和垫圈等，如图4-2所示。

六角头螺栓	双头螺栓	六角螺母	六角开槽螺母
内六角圆柱螺钉	开槽圆柱头螺钉	半圆头螺钉	开槽沉头螺钉
平垫圈　弹簧垫圈	圆螺母	圆螺母用止动垫圈	紧定螺钉

图4-2 螺纹紧固件类型

• 连接方式：

◆ 螺栓连接的结构如图4-3所示。

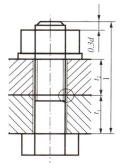

图4-3 螺栓连接

特性：被连接件的通孔和螺栓杆之间有间隙，所以孔加工精度可以低一些，不用在被连接件上切制螺纹，故不受被连接件材料的限制，加工简单，成本低，拆装方便。

应用：主要用于通孔并能从连接的两边进行装配的场合，应用最为广泛。

◆ 双头螺柱连接的结构如图4-4所示。

特性：双头螺柱一端旋紧在连接件的螺孔里，比较便于拆装。

应用：用于有较厚被连接件或要求结构紧凑的场合，螺柱旋入端的螺纹终止线应与两被连接件结合面平齐，即图4-4画圈的地方，表示旋入端已拧紧。

◆ 螺钉连接的结构如图4-5所示。

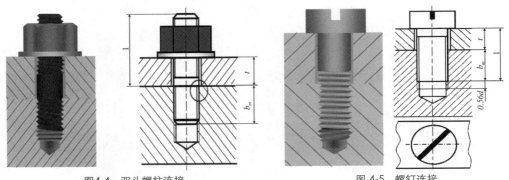

图4-4 双头螺柱连接   图 4-5 螺钉连接

特性：不用螺母，本身重量较轻，在螺钉尾部一端的连接件外部有光整的外露表面，但经常拆装，会使螺纹孔磨损，导致被连接件过早失效。

应用：与双头螺柱类似，但不适用于经常拆装的情况。

◆ 紧定螺钉连接的结构如图4-6所示。

特性：紧定螺钉旋入一零件的螺纹孔里，并用其末端顶住另一个零件的表面或顶入相应的凹坑中。

应用：适用于固定两个零件的相对位置，也可传递力或扭矩不大的零件，多用于固定轴上零件的相对位置。

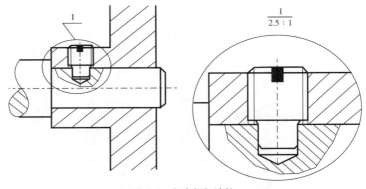

图 4-6 紧定螺钉连接

二、螺纹连接的拧紧力矩和预紧力控制

在实际应用中，绝大多数螺纹连接在装配时都要预紧，目的在于增强连接的可靠性、

紧密性和防松能力，从而防止受到横向载荷后使被连接件之间出现缝隙或发生相对滑动。所以选择适当的较大预紧力，这对于提高螺纹连接的可靠性非常有必要。

预紧力的大小则根据螺栓组受力和连接的工作要求决定。一般规定：拧紧后螺纹连接件的预紧应力不得大于其材料屈服点的80%。预紧力大小及转角是根据材料力学中的螺栓伸长量与预紧力的关系（称为虎克定律）计算出来的，但预紧力过大则会使连接件在装配或偶然过载时拉断，所以预紧力不是越大就越紧固。因此，在保证连接件预紧力的同时，又不要使连接件过载，在螺纹连接装配时都必须要控制预紧力。

控制预紧力有以下3种方法：

•力矩法：力矩法是经常应用的预紧力控制方法，预紧力控制精度的控制误差为±25%，一般适用于预紧力要求不高的场合。

•转角法：目前，转角法在重要的螺栓连接系统中使用极为普遍，特别是汽车行业。使用这种方法的预紧力精度较高，误差能够在±15%以内。

•液压拉伸器方法：该方法通过液压拉伸器拉伸螺栓长度，然后拧紧螺母后除去外力，从而达到设计规定的预紧力要求。这种方法一般应用于柴油机和大型大功率的内燃机，预紧力精度可达到±5%以内。

> **友情提示**
>
> 现在更多采用分3次，每次旋转多少角度来控制预紧力，因为这种做法可以达到较高精度的预紧力。
>
> 在利用螺栓长度来控制预紧力时，螺纹的旋合长度直接影响到预紧力矩的大小。

三、螺栓和螺母

1.螺栓

•组成：螺栓一般不单独使用，要与螺母和垫圈一起配合使用。螺栓各组成部分如图4-7所示。

以M 10×1 -4T为例：

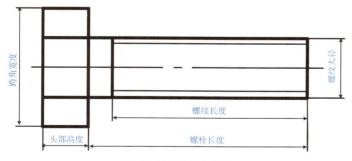

图4-7　螺栓各组成部分

其中，M：普通公制螺纹（若为S，则表示小螺纹；UNC表示统一粗牙螺纹）；

10：公称直径，也可以称为螺纹大径；

1：螺距；

4T：强度等级，强度等级一般标在螺栓的头部。

●类型：常用的螺栓有如下几种：

①六角头螺栓：是应用最普遍的一种螺栓，时常在螺栓头下面放法兰盘、垫圈，以加大与工件的接触面积，分散接触压力，同时垫圈有一定的弹性，可以防止松动、减少疲劳受损等，这样可以起到保护零件的作用。

②双头螺栓：双头螺栓两端有螺纹，中间为螺杆，螺纹牙型可为粗牙也可为细牙。其主要用于对零件的定位，更换比较方便，可连接厚度较大的零件。

在拆装时，先将两个螺母拧入两头的螺栓处，并用两个扳手锁紧，用一个扳手固定锁死一边的螺母，然后用另一个扳手按拧松方向转动另一个螺母，则螺栓被拆下。反之用一个扳手固定锁死一边的螺母，再用另一个扳手按拧紧方向转动另一个螺母，则螺栓被装入固定。

③U形螺栓：两端都有螺纹，也称U形卡，如图4-8所示。其主要用于固定管道，连接两个固定件，如用在钢板弹簧与车桥的连接口。常与螺母、垫圈一起使用。

④塑性区螺栓：属于特殊用途的螺栓，能提供加强轴向张力，稳定性好，防止松动和震动的能力强，如图4-9所示。例如，汽车发动机的缸盖螺栓多为十二角花形或内十二角花形螺栓。

图4-8　U形螺栓　　　　　　　　　　　图4-9　塑性区螺栓

●螺栓的强度等级：

◆标记方法

螺栓的强度等级一般标注在螺栓或螺母的头部，方便辨认。通常英制螺栓的头部制用径向射线来标明强度，径线数加2即为螺栓的强度，这种分级称为SAE级。米制螺栓的头部标用数字来标明强度，数字越大，螺栓的强度越大，如图4-10所示。螺母的标记方法基本一致，但5级强度一般不标注。

> **友情提示**
> 　　一般螺栓可以拉伸到其弹性极限的70%，过度紧固会使螺纹变形和拧动困难，过小紧固力会使被紧固件松动。

图4-10　螺栓强度等级

强度等级由带有小数点的两位数或三位数组成，小数点左边那位数表示最小抗拉强度的1%，小数点右边那位数表示最小屈服点与最小抗拉强度之比的10倍。两个数的乘积为最小屈服强度的1/10。但标准螺母的强度等级可以用一个数字表示，即同一机械强度的螺纹紧固件最小抗拉强度的1%，见表4-1。

表4-1　螺纹紧固件的强度级别和组合

螺栓的强度级别（GB 38—76）								螺母的强度级别（GB 61—76）				螺栓与螺母强度级别的组合	
级别标记	抗拉强度 δb min/MPa	屈服极限 δs min/MPa	伸长率% δ5 ≥	伸长率% δ1.8 ≥	硬度HP	推荐材料牌号		级别标记	抗拉强度 δb min/MPa	推荐材料牌号		螺栓	螺母
4.6	400	240	20	30	110	15	A3	5	500	10		4.6	5
4.9	400	360	—	10	110	10	A2	5	500	10		4.9	
5.6	500	300	20	30	145~216	25	35	6	600	15		5.6	
5.9	500	450	—	10	145~216	15	A3	6	600	15		5.9	
6.6	600	360	16	24	175~255	45		8	800	35		6.6	
6.9	600	540	—	10	175~255	35		8	800	35		6.9	
8.8	800	640	12	15	230~305	35	45	10	1000	40Cr	15MnVB	8.8	6
10.9	1000	900	9	13	295~375	40Cr	15MnVB	10	1000	40Cr	15MnVB	10.9	8
12.9	1200	1080	8	12	355~430	30CrMnSi	15MnVB	12	1200	30CrMnSi	15MnVB	12.9	10

友情提示

①对规定强度级别的螺栓和螺母在图纸中只标注强度级别，不应标出材料牌号。

②按机械性能分级的，当 $d \geqslant M5$ 的螺栓、螺母在产品上制出标记（与上面相同），允许不制出标记的按 GB 38—76 或 GB 61—76 规定。

③表中螺母的强度级别仅适用于 $H \geqslant 0.8d$ 的螺母。选材时应使螺母材料比螺栓低一级，硬度在 20～40HB，以免咬死减少磨损。

④强度级别由数字表示，小数点前的数字为 δ_b min/10，小数点后的数字为屈强比（δ_s min/δ_b min）。

⑤另按 GB 3098.1-s2、GB 3098.2—82 的补充规定。

◆ 提高螺纹强度的措施

螺纹连接的强度主要是由连接的螺栓强度决定的。影响螺栓强度的因素有很多，如材料、自身结构、尺寸、工艺、螺纹牙间、载荷分布、应力幅度、机械性能等，因此提高螺纹连接强度的措施有以下几方面：

①改善螺纹牙型间载荷分布不均匀的现象。

工作中螺栓牙要抗拉伸长，螺距变大，而螺母牙受压缩短，螺距变小。伸与缩的螺距变化差以紧靠支承面处第一圈为最大，应力也最大，其余各圈（螺距P）依次递减。旋合的圈数越多，载荷分布不均越严重。

改善载荷分布不均的方法有以下几种：

a.采用悬置螺母，螺母的旋合部分全部受拉，与螺栓变形协调，使载荷分布均匀；

b.采用环槽螺母，螺母开割凹槽后，螺母与螺栓旋合处受拉，但效果没有悬置螺母好；

c.采用内斜螺母，螺母上螺栓旋入端倾斜10°～15°，使接触圈减少，载荷上移。

②减小应力集中。

在螺栓的螺纹牙部分、螺纹的收尾处、螺栓头部与螺栓杆的过渡处等均可能产生应力集中。为了减少应力集中，可以采用较大的过渡圆角，也可以在螺纹收尾处加工出螺纹退刀槽。

③采用合理的制造工艺。

碳氮共渗氰化、氮化、喷丸等表面处理，也可提高疲劳强度；或者用热处理后再进行滚压螺纹，效果更佳，强度可以提高70%～100%，此法具有优质、高产、低消耗功能，还可以用于控制单个螺距误差和螺距累积误差。

④采用特殊结构的螺母。

采用环槽螺母和内斜螺母的效果比较明显，但螺母加工困难，适用于大型的连接。

2.螺母和垫圈

要使被连接件紧固性更好，螺栓要与螺母和垫圈配合使用。

（1）螺母

常用的螺母有六角形螺母、盖螺母、开槽螺母等，如图4-11所示。

图4-11　螺母的常用类型

（2）垫圈

垫圈位于螺栓与螺母之间，分为平垫圈、弹性垫圈、组合垫圈等，与螺栓、螺母配合使用，防止松动的还有开口销、紧锁片等，如图4-12所示。

想一想

在实际维修中，垫圈、开口销和紧锁片等要经常检查更换吗？

友情提示

为了防止发动机油底壳与机体之间结合部位漏油，无论有密封垫还是没有密封垫，装配油底壳时，若所有的螺栓都拧紧，结果却是越紧越漏油，这是典型的不按规范预紧螺栓的结果。超大的预紧力会使得油底壳和发动机缸体下部产生局部变形，在热机时尤其严重。

图4-12　垫圈类型

四、极限和配合

1.极限

在同一批零件中，不经过挑选和辅助加工，任取一个零件就可顺利地装到机器上，并满足机器的性能要求，零件的这种性质称为零件的互换性。零件具有互换性，为大批量生产以及流水作业提供了保证，为机器的装配和维修带来了方便。为了使零件具有互换性，零件在加工时要控制尺寸的误差范围。

极限和配合示意图如图4-13所示。

（1）基本尺寸

设计者给定的尺寸。孔的公称尺寸用"D"表示，轴的公称尺寸用"d"表示。

（2）实际尺寸

通过测量所获得的尺寸称为实际尺寸。孔的实际尺寸用"Da"表示，轴的实际尺寸用"da"表示。由于测量误差是客观存在的，所以实际尺寸不是真实的值。

（3）极限尺寸

尺寸要素允许的尺寸的两个极端，称为极限尺寸。尺寸要素允许的最大尺寸称为最大

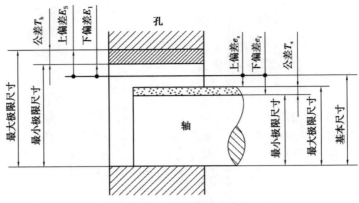

图4-13　极限和配合示意图

极限尺寸，孔以"Dmax"表示，轴以"dmax"表示。尺寸要素允许的最小尺寸称为最小极限尺寸，孔以"Dmin"表示，轴以"dmin"表示。

（4）偏差与极限偏差

偏差是某一尺寸减去基本尺寸所得的代数差。最大极限尺寸减去基本尺寸所得到的代数差，称为上偏差，用符号ES（孔）或es（轴）表示。最小极限尺寸减去基本尺寸所得的代数差，称为下偏差，用符号EI（孔）或ei（轴）表示。

（5）尺寸公差

允许尺寸的变动量，简称公差，是指最大极限尺寸减去最小极限尺寸的差值，或上偏差减去下偏差的差值。

（6）合格尺寸

在最小极限尺寸和最大极限尺寸之间即为合格尺寸。

例：若轴的尺寸为$\Phi 50^{+0.01}_{-0.02}$，写出基本尺寸的值、上偏差的值、下偏差的值、公差值、最大极限尺寸、最小极限尺寸，判断尺寸$\Phi 49.99$是否合格。

基本尺寸：$\Phi 50$

上偏差：+0.01

下偏差：−0.02

公差值：0.03

最大极限尺寸：$\Phi 50.01$

最小极限尺寸：$\Phi 49.98$

尺寸$\Phi 49.99$是合格尺寸（合格尺寸在最小极限尺寸和最大极限尺寸之间）

2.配合

基本尺寸相同，相互配合的孔和轴的公差带之间的关系，称为配合。根据使用要求的不同，孔和轴之间的配合有松和紧两种，分为间隙配合、过盈配合和过渡配合，如图4-14所示。

（1）间隙配合

孔和轴配合时，当孔的实际尺寸大于轴的实际尺寸，则具有间隙（包括间隙为零的情况），是松动的。由于间隙的存在，所以轴和孔之间有相对运动。

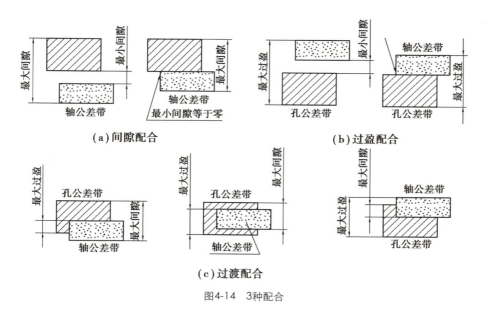

图4-14 3种配合

在汽车上，间隙配合非常多，只要是两个配合的零部件之间具有相对运动，它们之间就一定有间隙。比如活塞与气缸之间、曲轴与气缸体、连杆之间、变速箱轴与壳体之间等。根据运动关系的不同，间隙配合的间隙大小也不同，一般在0~0.10 mm。比如曲轴与气缸体、连杆之间的配合，正常间隙在0.04~0.07 mm。若小于这个间隙，就会使曲轴与气缸体、连杆之间的配合过紧，运转阻力较大，不利于形成润滑油膜，容易造成润滑不良而出现烧瓦现象；若大于这个间隙，使曲轴与气缸体、连杆之间的配合过松，在工作过程中冲击力过大，导致噪音变大，使轴瓦异常磨损等，且容易破坏润滑油膜，使机油泄漏过多，机油压力变低等，严重时会造成化瓦、断曲轴等严重故障，所以在大修发动机时，要精细调整二者的间隙。又比如高压泵的柱塞、喷油器的针阀等，它们的配合间隙在0.002~0.005 mm，极度精密，如果燃油清洁度低，含有少量的杂质，就有可能造成喷油器针阀拉伤、卡死等故障。

友情提示

烧瓦主要是由于轴颈与轴瓦之间润滑不足或间隙过小造成的。烧瓦后，轴颈表面会出现严重的擦伤划痕，并氧化烧成蓝色。

化瓦主要是由润滑不良或装配间隙不好导致的，使动力输出困难，机器卡死。鉴别的方法是轴瓦合金脱落，轴颈表面拉伤严重。

（2）过盈配合

孔和轴配合时，当孔的实际尺寸小于轴的实际尺寸，轴放不进孔里面。由于过盈的存在，所以轴和孔之间不允许有相对运动，但是可以承受一定的扭矩和轴向力。根据过盈量的大小，可以把过盈分为轻度过盈、中度过盈和重度过盈3种。一般把过盈量在0~0.05 mm的过盈称为轻度过盈，过盈量在0.06~0.10 mm的过盈称为中度过盈，过盈量在0.11~0.15 mm的过盈称为重度过盈。

在修理中常用的是压装和热装两种方法，比如装轴承时，在修理过程中一般是把轴承加热后再套入轴上，如飞轮与飞轮齿圈之间，一般是通过加热齿圈，然后套在飞轮上，还有各种销、键等。这些过盈配合部位在拆卸时是最麻烦的，很多时候拆装具有破坏性，可能会损伤零件。

（3）过渡配合

孔和轴配合时，孔的实际尺寸和轴的实际尺寸进行比较，有可能是间隙配合，也有可能是过盈配合。此时孔的公差带与轴的公差带相互交叠。它主要用在对中性和同轴度要求较高的连接部位，既便于拆卸又可以精准的定位。最常见的就是滚动轴承内径和轴之间的配合，常温下过盈量一般在0.02mm以下，对轴承稍微加热，或者把轴冷却，二者就变成零间隙或者正间隙了，便可以轻易拆装。活塞销与活塞之间的配合也属于过渡配合，在常温下二者是有一定过盈量，而在发动机正常工作时，活塞受热膨胀，二者又出现一定的间隙，使活塞销在活塞上可以转动，有利于减小磨损，这种连接方式称为全浮式活塞销，如图4-15所示。

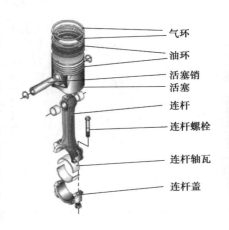

图4-15　活塞连杆组

3.标准公差等级与基本偏差

公差带由"公差带大小"和"公差带位置"这两个要素决定。公差带大小用标准公差确定，公差带位置用基本偏差确定。上偏差和下偏差的值受到零件的基本尺寸、公差值大小和上、下偏差位置3个因素的影响。

（1）标准公差

标准公差的数值与基本尺寸和公差等级有关。由代表上偏差和下偏差或最大极限尺寸和最小极限尺寸的两条直线所限定的区域称为公差带。公称直径相同时，其公差带受公差等级和相对零线位置的影响。国家标准在公称尺寸至500mm内规定了IT01、IT0、IT1……IT18共20个标准公差等级。从IT01至IT18，等级依次降低，IT后边的数字表示公差等级。

（2）基本偏差

基本偏差是用以确定公差带相对零线位置的上偏差和下偏差，一般指靠近零线的那个偏差。当公差带在零线的上方时，基本偏差为下偏差，反之为上偏差。上下偏差可同时为正，可同时为负，也可以一个为正一个为负，但必须上偏差的值大于等于下偏差的值。轴与孔的基本偏差代号用拉丁字母表示，大写字母表示孔，小写字母表示轴，各有28个，其排列顺序如图所示4-16所示

（3）公差带代号

公差带代号由基本偏差代号和公差等级代号组成，如Φ30H8的公差带代号是H8，H是基本偏差代号，8是公差等级代号。

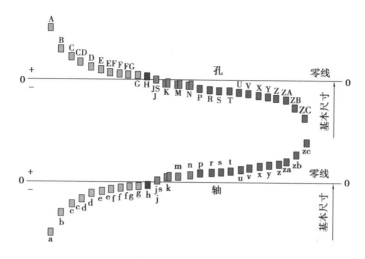

图4-16 孔和轴的基本偏差代号

（4）配合制度

在相互配合的零件中，使其中一种零件作为基准件，其基本偏差一定，通过改变另一种零件的基本偏差来获得不同配合性质的孔和轴的一种制度，称为配合制度，一般分为基孔制和基轴制。

基孔制即以孔为基准，轴以基准孔为基准做过盈或间隙配合，如图4-17所示，孔的公差带为H，即孔的下偏差是零，上偏差由孔径和公差等级查表得出。换言之，具有H公差带的孔即基准孔，基孔制就是以其为基准的配合，如H7/f8即为一个常见的基孔制间隙配合。如$\Phi 30^{H8}_{f7}$的配合就是基孔制。

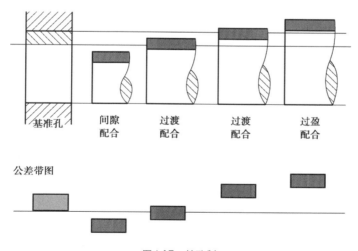

图4-17 基孔制

基轴制是基本偏差为一定的轴的公差带，与不同基本偏差的孔的公差带形成各种配合的一种制度，如图4-18所示。基准轴的基本偏差代号为h，上偏差为0，如$\Phi 30^{H8}_{h7}$的配合就是基轴制。

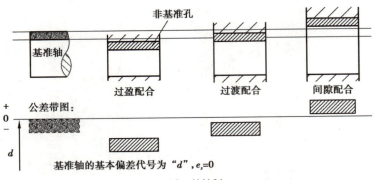

图4-18 基轴制

4.公差和配合的标注

在基本尺寸后面标注上下偏差值，上偏差在基本尺寸的右上方，下偏差在基本尺寸的右下方；若上下偏差的数值互为相反数，可简化标注为 $\Phi 30 \pm 0.02$，如图4-19所示。

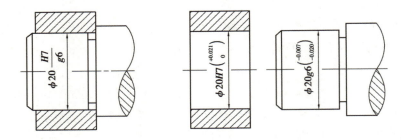

图4-19 公差和配合的标注

任务实施

进行螺栓连接

1.操作准备

• 准备各种类别的螺纹紧固件。

• 准备扳手、起子等工具和螺纹规、游标卡尺等量具。

• 准备抹布、工作台和润滑油。

2.操作过程

①检查并清洁螺纹紧固件、各螺纹孔、各工具、量具及工作台。

②测量螺纹的螺距、螺纹大径（及公称直径）、杆长，用量规识别粗牙细牙螺纹。

③根据表格识别螺栓和螺母的强度等级。

④对螺栓、螺母等紧固件进行拧紧和拧松操作。

⑤检查、清洁、清理操作场地。

> **说一说**
>
> 螺栓与螺母在安装前要做什么操作才能有效地配合在一起？

任务拓展

螺纹紧固件的连接与防松

1.产生螺纹紧固件松动的原因

螺纹紧固件的连接具有易装拆、可反复使用的特点，其缺点是在工作装态下，特别是在振动、冲击、变载荷以及温差过大的情况下，容易产生松动以及螺母脱落，使设备失效，甚至产生恶性故障。因此，找出螺纹紧固件连接松动的原因，采取有效防范措施，是设计选用螺纹紧固件的重要任务之一。

2.防松锁止的措施

•用机械固定件锁紧：利用机械固定件使螺纹紧固件与被连接件之间或螺纹件与螺纹件之间固定和锁紧，从而制止松动。这种方法的可靠性取决于机械固定件的强度，其防松可靠性高。但缺点是增加了连接件本身的重量，在制造和安装上比较麻烦，不能进行自动安装。

•增大摩擦力：增加螺纹间或螺栓（螺钉）及螺母支承面的摩擦力来达到防松的目的。这种方法的最大优点是不受使用空间的限制，可以进行多次的反复装拆，操作简单方便，可以机动装配。因此，这类方法应用最多。

•破坏螺纹运动副关系永久防松：采用焊牢、粘结、冲点或铆接等方法使螺纹副失去运动特性，即永久防松，将可拆卸螺纹的连接改变为不可拆卸螺纹连接，这是一种非常可靠的防松方法。但缺点是拆卸后螺纹紧固件不能再重复使用。因此，这类方法常用于某些防松要求高而又不需拆卸的场合。

•化学防松：对于通孔，在螺栓与螺母旋合处适量滴上螺纹锁固剂再拧入上紧即可。对于盲孔（如螺钉），先滴入适量螺纹锁固剂至内螺纹孔底，再在螺钉螺纹处滴入几滴锁固剂，拧入上紧即可。

•采用特殊锁紧垫圈：该垫圈是由两片带不同锯齿形的垫片组成，锁紧效果比较好，特别适合用于振动较大的场合。

> **友情提示**
>
> 一般使用了锁固剂后，只能用扳手等强行拆卸，也可将组件加热到200～300℃手动拆卸，因为高温状态下锁固剂会变脆，从而容易拆分。
>
> 对于8.8级以上的螺栓，如果其长度与公称直径之比大于5，可省略防松措施。

3.防转动措施

①加大预紧力。

②采用较长的旋合长度。

③使用闭锁元件等有效的锁止装置。

④结合面采用特殊面连接来避免移动。

任务检测

一、判断题

1.在螺纹标记M12中，数字12表示螺距为12 mm。 （   ）

2.配对使用的螺栓和螺母的强度等级必须一致。 （   ）

3.一旦使用螺纹锁固剂后组件就不能再拆分开。 （   ）

4.在实际生产中，垫圈紧锁片等要经常检查更换。 （   ）

5.常用的螺母有六角形螺母、盖螺母、开槽螺母。 （   ）

6.螺栓、螺母与垫圈配合使用的目的是使紧固性更好。 （   ）

7.加大预紧力是防止螺纹紧固件转动的措施之一。 （   ）

二、填空题

1.螺纹有细牙和 _____ 之分。

2.M10 × 1.5 - 5e中5e表示 _____ 。

3.螺纹紧固件之所以可以连接紧固，都是依靠 _____ 连接。

三、简答题

简述螺纹紧固件防松锁止的措施（至少写3个）。

评价与反思

评价表

序号	项　目	考核内容	配分/分	评分标准	得分
1	7S	被测工件、工作台的清洁	10	少清洁一项扣2分	
2	技能考核	螺纹紧固件的种类	20	认错一个扣2分	
		正确选配螺栓和螺母	30	选错一个扣5分	
		螺纹紧固件的连接与防松方法	30	说错一个扣5分	
3	安全	安全操作	10	未按要求操作不得分	
总　分			100	合　计	

反思

1.如何选择合适的紧固件连接？

2.螺栓强度等级是越高越好吗？

任务二　拆装螺栓、螺母

任务描述

　　汽车中的机械部件显现故障，绝大多数都是由于螺栓、螺母出现问题造成的。同时，由于驾驶员对螺栓、螺母认识不足，常常使用不当，造成了大量影响机件工况与使用寿命的隐患。汽车维修人员经常需要对发动机上的螺栓、螺母和垫圈进行拆装，必须正确有效地拆装螺栓和螺母才能够保证装配质量。

任务目标

完成本任务的学习后，你应能：
★ 记住正确的螺栓和螺母的拆装方法；
★ 描述对有损伤的螺栓的正确处理方法。
建议学时：8学时。

相关知识

一、螺栓、螺母的损伤与失效

　　螺栓、螺母的损伤与失效常由折断、滑扣、裂纹、变形、变软、锈蚀等原因引起。

　　●折断：螺栓折断的原因包括扭力过大，超过其所承受的负载；螺栓预紧力不够，加之承受轴向力的同时，还要承受组合件的横向剪切力；环境因素如高温、氧化、硫化、碱化、腐蚀等所致；材料和加工工艺不符；拆装（强拆强拧）不当。

　　●滑扣（撸扣）：造成滑扣的原因包括扭力过大使螺栓与螺纹孔的螺纹不匹配，如同样的螺纹但螺距不一样；金属与非金属组合，如铝合金缸体；扭力过大、进水腐蚀、氧化极易产生粘铰以及频繁的高温、应力急剧的变化等。

> **友情提示**
> 　　螺纹螺距很难用肉眼区分出来，所以必须用螺纹规测量，如图4-20所示。

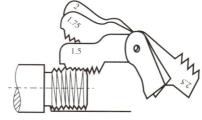

图4-20　螺纹测绘图

　　●裂纹：产生裂纹是由原材料在加工的过程中或在后期处理过程中存在的缺陷导致的，如气泡等；另外，疲劳过度也会产生裂纹。

　　●变形、变软、锈蚀（氧化）：变形是由于连接件之间的位置错移迫使螺栓弯曲及不恰当的外力冲击导致螺栓弯曲变形或伸长变形。

变软一般是由于疲劳过度或者在热处理过程中方法不正确。

锈蚀多是由于氧化、酸碱腐蚀等造成。

二、拆装注意事项

发动机维修工具可分为两部分：一部分是专用工具，另一部分是拆装工具，有开口扳手、梅花扳手、棘轮扳手、套筒、活动扳手、钢丝钳、管钳、螺丝起子、扭力扳手、接杆、加长杆等。拆装注意事项如下：

> **友情提示**
>
> 螺纹盲孔里面的金属杂质和液体是造成组件连接不紧的重要原因，所以必须要清理干净。

①螺栓安装前必须要清洁螺栓和螺纹孔，螺纹孔里不能有杂质、油水等，可用铜刷清除杂质，否则会使螺栓在拧紧时孔内压力过大，从而破坏零部件。

②安装前可以用少量润滑油润滑螺栓或螺纹孔的螺纹。拧入前先用手旋入少许，再用合适的工具拧紧。

③不同的螺纹紧固件要选择合适的工具进行拆装，如内六角扳手专用于拧转内六角螺母。

④注意工具的优先使用次序：在拆装螺母时，应尽可能使用开口扳手、梅花扳手或套筒。在同一部件中有多个螺栓、螺母时，拆装顺序要符合规定。

⑤对于重要部件的螺母，必须严格遵守它们的力矩规定值；拆卸螺母时，要按种类和次序摆放好，必要时可以使用记号笔；拆螺栓时应尽量轻拿轻放，以防发生意外损伤螺纹，同时要养成文明的操作习惯；拆取断头螺栓时，一定要使用专用工具，尽量不要使用玺刀榔头敲击。

⑥拆卸生锈的螺纹，可以先紧一下再松；可以喷洒螺纹松动剂或机油；可以用喷灯均匀加热后再松；可以用冲击螺丝刀或穿透螺丝刀拆卸不易松动或锈死的螺栓、螺母。

⑦工具和螺母不要混用，同时对螺栓做相应的检查和比对，将结果记录清楚。

> **友情提示**
>
> 有规定的一定要使用带刻度显示的扭力扳手，尽可能少用活动扳手或钳子，避免造成"圆角"。
>
> 拆装时要防止其他部件掉落，拆下时要慢慢松动，在有保护意识的情况下拆下最后一个零件。在安装时要在有保护意识的情况下先整体部件对正，然后预紧定位，最后再将其紧固。

三、拆装中常见的问题

1.揭开缸盖时缸盖螺栓滑扣的处理办法

采取在缸体沉孔上镶丝套（内外都加工有螺纹）的做法，将加大直径的缸体螺纹沉孔与外螺纹通过过盈配合的方式相连接，并涂以金属尾粘接剂，但内螺纹直径不变。这是唯一可行的方法，但是这种丝套是用特殊合金材料加工而成的，长度一般只有25 mm，而缸盖螺栓要求拧入缸体的长度要达到40 mm以上才能达到要求的预紧力矩。这就需要用合金钢加工长度达到40 mm以上的丝套，中等精度，再调质处理，同时换上新的缸盖螺栓，装入后才能达到标准。

2.圆角螺栓的拆卸方法

•敲击震动法：用工具（如扳手）敲击螺栓头部，使之尽量恢复圆角形状。

•锉削法：锉削螺栓棱边减小螺栓头部尺寸，这样可以换小尺寸的扳手来拆卸或者锯削螺栓头部表面使之成为一字或十字形，用一字或十字起子进行拆卸。

•錾剔法：可以用錾子剔松后拆卸。

任务实施

拆装发动机缸盖螺栓

1.操作准备

•准备完整的发动机。

•准备指针式扳手、棘轮扳手、预置式扭力扳手、套筒、接杆等工具和游标卡尺等量具。

•准备工作台、抹布、润滑油、高压空气枪。

2.操作过程（以长安发动机为例）

（1）作业准备

检查、清洁工作台、量具和工具。提示：使用前后均要清洁。

（2）拆下缸盖螺栓

①首先清洁指针式扭力扳手。使用指针式扭力扳手的目的是卸力（螺栓与连接件之间的预紧力）。

②选用合适的套筒和接杆。

③用指针式扭力扳手配合专用的缸盖螺栓套头按照从两边到中间逐步拆卸的方法按对角分2~3次拧下缸盖螺栓，如图4-21所示。

④用棘轮扳手和长接杆拆汽缸盖的螺栓，拆卸时一定要注意不要让其他螺栓掉落，如图4-22所示。

友情提示

"逐步"是指松动螺栓时的顺序为从两边到中间按对角分2~3次松动。这样做的目的是使缸盖及缸垫均匀受力，正确就位，避免变形。热机不可拆卸，要冷机才能拆卸，避免变形。

图4-21 扭力扳手拧松

图4-22 拆卸螺栓

⑤小心取出缸盖螺栓、垫片，必要时用吸铁棒吸取汽缸盖螺栓。对于拆下的螺栓一定要排序，方便后面的装配，如图4-23所示。

⑥清洁缸盖、螺栓和螺纹孔。清洁后也要按顺序摆放好。

⑦检查螺栓是否损伤变形，若完好则测量缸盖螺栓长度及张紧力处的直径。

⑧检查气缸盖。清除水垢、积碳和灰尘；检查缸盖有无裂纹、腐蚀、损伤；检查汽缸盖螺纹是否良好；检查火花塞孔螺纹是否良好；检查汽缸盖平面度误差是否小于0.1 mm。

友情提示

在用高压空气枪清洁时，不要正对自己和他人，防止灰尘杂质飞溅进眼睛。在用到煤油等一些溶剂型洗液时，必须要戴上防溶剂手套，避免粘到手上。

图4-23　取出螺栓、垫片

（3）安装缸盖螺栓

①在安装前先用手按中间到两端的对角顺序将缸盖螺栓旋入少许（2～3牙），然后按规定扭矩从中间到两边的对角交叉顺序依次拧紧。装配时要更换新的汽缸垫。

②螺栓的预紧。用棘轮扳手按照对角顺序将缸盖螺栓初步预紧，如图4-24所示。

③用预置式扭力扳手按照维修手册规定的扭力对角拧紧缸盖螺栓，如图4-25所示。

④按"7S"要求清洁、整理工具、量具、零部件和工作台等。

友情提示

缸盖和缸垫要分清正反面，有标记的一面朝上，轻拿轻放，稳定孔要对齐，压紧时按从中间到两边分3～5次压紧。装配之前若检查出螺栓损伤或变形则不能再用，必须成组更换。

塑性区螺栓的拆装按维修手册进行。

图4-24　棘轮扳手初步预紧

图4-25　预置式扭力扳手拧紧

任务拓展

拆装汽车轮胎螺栓

1.操作准备

准备套筒、接杆、棘轮扳手、指针式扳手、预置式扳手、记号笔、肥皂水、轮胎气压表等工具。

2.操作过程

①用记号笔在轮胎上打上标记以便安装，然后用指针式扭力扳手先按对角方向弄松螺栓，如图4–26所示。

②把车子的换挡杆换到空挡，然后释放驻车制动杆，用举升机举车到适当高度，如图4–27所示。

图4-26　轮胎标记

图4-27　换空挡

③一人稳住轮胎，另一人用棘轮扳手拆螺栓，直到用手可直接取下螺栓，这时把轮胎整体取下，如图4–28和图4–29所示。

图4-28　取轮胎螺栓

图4-29　取轮胎

友情提示

若一个人既拆螺栓又同时取下轮胎，不好控制轮胎的方向，容易使轮胎歪斜损伤螺杆。

④检查拆下的轮胎有无裂纹、磨损等，若无，则用深度规检查轮胎深度是否达到规定深度，用轮胎气压表检查轮胎气压是否达到规定气压，检查完后用肥皂水涂在轮胎上看是否有漏气，若冒泡表示漏气，需要进行修补或更换，如图4–30所示。

⑤检查发现轮胎正常后，将轮胎对准标记安放好，用棘轮扳手加套筒对角拧螺栓，如图4–31所示。

⑥检查车胎是否安好，安装完后用抹布清洁记号。

⑦降下车辆，第一时间把驻车制动杆拉起，把换挡杆换到P挡位置，如图4–32所示。

⑧用预置式扭力扳手按照维修手册规定扭力拧紧车轮螺栓，如图4–33所示。

⑨清洁、整理各工具及场地。

图4-30　检查轮胎

图4-31　棘轮扳手加套筒对角拧螺栓　　　图4-32　换P挡　　　图4-33　预置式扭力扳手拧紧

任务检测

一、判断题

1.拆装螺栓时可随便使用工具拆卸。　　　　　　　　　　　　　　　（　　　）

2.当螺栓有损伤时，不能强行安装，否则不能正常连接。　　　　　（　　　）

3.螺栓安装前必须要进行清洁，还要清洁螺纹孔。　　　　　　　　（　　　）

4.在读数时，为了方便可以不拧紧锁紧螺母。　　　　　　　　　　（　　　）

5.安装垫圈时用力越大，密封性越好。　　　　　　　　　　　　　（　　　）

6.拆卸螺母时，要按种类和次序摆放好。　　　　　　　　　　　　（　　　）

二、填空题

1.常用的发动机维修工具分为 _____ 工具和 _____ 工具。

2.拆卸发动机螺栓的顺序是 _____ 顺序，不能依次挨着拆卸。

三、简答题

简述圆角螺栓的拆卸方法。

评价与反思

评价表

序号	项　目	考核内容	配分/分	评分标准	得分
1	7S	被测工件、工作台的清洁	10	少清洁一项扣2分	
2	技能考核	汽缸盖外形是否完好	10	未检查不得分	
		缸盖螺栓的拆装	30	错误一项扣5分	
		轮胎螺栓的拆装	30	错误一项扣5分	
		清洁、涂油	10	少做一项扣5分	
3	安全	安全操作	10	未按要求操作不得分	
	总　分		100	合　计	

反思

1.如何预防螺栓、螺母损伤？

2.拆卸螺栓、螺母时，如何防止其他零部件的掉落？

项目五　钳工技能

在汽车维修过程中，离不开钳工技能，如在发动机维修过程中遇见取断头螺栓的情况，就可能用到钳工中的锯削、钻孔、扩孔、攻丝等技能，故钳工技能在汽车维修中的运用是非常广泛的。掌握取断头螺栓、攻螺纹、锉削、钻削、錾削等钳工技能是每一个汽车维修人员必须具备的基本技能。

任务一　掌握钳工基本技能

任务描述

　　钳工是使用钳工工具、钻床等，按技术要求对工件进行修整、装配的工种。在汽车的各种专用设备的修理和装配中都离不开钳工。钳工的工作内容包括化线、锉削、锯削、錾削、钻削等。

任务目标

完成本任务的学习后，你应能：
★ 描述钳工使用的工具及设备；
★ 记住钳工常用设备的性能；
★ 完成划线、锯削、錾削、钻削操作。
建议学时：16学时。

相关知识

一、钳工常用设备

　　1.钳台
　　●功用：钳台也称钳工桌，是用来安装台虎钳和摆放工具、量具的，如图5-1所示。
　　●结构：钳台用木材或钢材制成，台面一般是长方形，长、宽尺寸根据工作需要而定。高度以800～900 mm为宜，为了操作方便省力，使用钳口的高度应与操作者的手肘平齐。

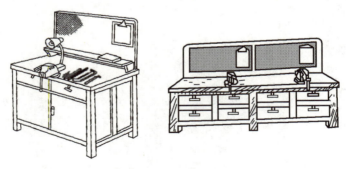

图5-1　钳台

　　2.台虎钳
　　●功用：台虎钳是专门夹持工件用的，如图5-2所示。台虎钳的规格是指钳口的宽度，常用的有100 mm、125 mm、150 mm、200 mm等规格。
　　●类型：台虎钳有固定式和回转式两种。两种类型的基本结构和工作原理大致相同，其不同点只是回转式台虎钳比固定式台虎钳多了一个转盘座，钳身可在转盘座上转动。因此，回转式台虎钳使用起来更方便、应用更广泛，可以满足不同加工工位的需要。

3.砂轮机

• 功用：砂轮机是用来刃磨各种刀具、钻头、工具的常用设备。

• 结构：它是由砂轮机座、托架和防护罩等几部分组成，为减少灰尘污染，应配有吸尘装置，如图5-3所示。

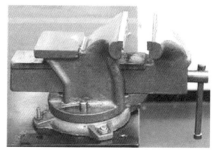

| 图5-2 台虎钳 | 图5-3 砂轮机 |

• 操作安全：因砂轮较脆，且转速高，使用时应严格遵守以下安全操作规程：

①砂轮机启动后，应在砂轮旋转平稳后再进行磨削。若砂轮机有明显的跳动和异常声音，应及时停机修理。

②砂轮机托架与砂轮之间的距离应保持在3 mm以内，以防工件扎入而造成事故。

③磨削时应站在砂轮机的侧面，且用力不宜过大。

4.台钻

• 功用：台式钻床是一种小型钻床，一般用来钻削直径在13 mm以下的孔。

• 规格：钻床的规格是指所钻孔的最大直径，常用的有6 mm和12 mm等规格。

图5-4所示是一种常见的台式钻床。电动机设有5级V带，可以使主轴获得5种转速。台架连同电动机与五级带轮可在立柱上移动，同时也可以绕立柱任意转动。当加工小工件时，可将工件放在工作台上；当加工较大工件时，可将工作台转开，将工件直接放在底座上进行加工。

• 使用注意事项：

①在使用过程中，必须保持工作台面整洁。

②钻孔时，特别是通孔时必须保证钻头能够通过工作台面上的让刀孔，或在工件下面垫上垫铁或木料，以免钻坏工作台面。

③为了防止手受伤，可以在工作台面上安装小型的台虎钳。

④钻削结束后，及时清理工作台面上的铁屑，应对各滑动面和注油孔加注润滑油。

图5-4 钻床

二、划线

根据技术要求，在毛坯工件上用划线工具画出加工界线、轮廓或作为基准点的过程，称为划线。

划线一般分为平面划线和立体划线两种。对划线的基本要求是线条清晰均匀，定形、定位尺寸准确。由于划线过程中所划出的线条有一定的宽度，一般划线精度要求在 0.25~0.5mm。工件的加工精度不能由划线确定，而应在加工过程中通过测量保证。

1.划线平台

● 功用：划线平台（图5-5）是用来安放工件和划线工具并在平板上完成划线的设备。它是由铸铁经刮削或精刨制成。

● 性能要求：划线平台对平面度要求较高，以保证划线的精度。

2.划针

● 功用：划针是直接在工件上划线的工具。一般在已加工面内划线时使用3~6mm的弹簧钢或高速钢制成的划针，将尖端磨成10°~20°，并淬硬，以提高其耐磨性。

● 类型：划针分为直头划针和弯头划针，如图5-6所示。在铸铁、锻打件等毛坯表面上划线时，常用尖部焊有硬质合金的划针。

3.划规

图5-5　划线平台　　　　　　　　　　图5-6　划针

● 功用：划规是用来划圆、圆弧、等分角度、等分线段以及量取尺寸的工具。

● 制作要求：划规一般用中碳钢或工具钢制成，两脚尖端淬硬并刃磨，有的在两脚端部焊有一段硬质合金。

● 类型：常用的划规有普通划规、扇形划规、弹簧划规，如图5-7所示。

● 使用要求：使用划规前，应将其脚尖磨锋利，两划脚长短一样，两脚尖能合拢，以便画出小尺寸圆弧。划圆弧时，应将手力的重心放在作为圆心的一脚，防止中心滑移。

（a）普通划规　　　　　　（b）扇形划规　　　　　　（c）弹簧划规

图 5-7　划规

4.划线盘

● 功用：划线盘是直接划线和找正工件位置的工具，如图5-8所示。一般情况，划针的直头端用来划线，弯头端用来找正工件的位置。

5.钢直尺

● 功用：钢直尺是一种简单的测量工具和划直线的导向工具，如图5-9所示。在尺面上

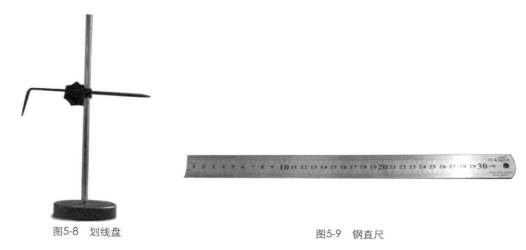

图5-8　划线盘　　　　　　　　　　　　图5-9　钢直尺

刻有尺寸刻线，最小刻线间距为0.5mm。

●规格：其规格（长度）有150mm，300mm，500mm，1000mm等。

6.样冲

●功用：样冲用于在工件、毛坯所划的加工线上打样冲，作为加强加工界线的标记，还用于在圆弧的圆心或钻孔的定位中打样冲眼（也称中心样冲眼）作为划规脚尖的立脚点，如图5-10所示。

●制作要求：样冲是由工具钢制成，也可以用旧丝锥、铰刀等改制而成。其尖端和锤击端经淬火硬化，尖端一般磨成45°～60°。划线用样冲的尖端可磨得更锐，而钻孔用样冲可磨得更钝一些。

7.90°角尺

●功用：90°角尺在钳工中应用很广，它可作为划平行线、垂直线的导向工具，还可以用来找正工件在划线平板上的垂直位置，并可检查两平面的垂直度或单一平面的平面度。

●制作要求：90°角尺一般用中碳钢制成，经热处理达到一定硬度，经精加工使基准面具有较高的精度及表面粗糙，如图5-11所示。

图5-10　样冲　　　　　　　　　图5-11　宽座角尺

三、锯削

锯削主要是指用手锯对材料或工件进行分割或锯槽等的加工方法，它适用于较小材料或工件的加工。

图5-12为手锯的主要工作范围，图（a）为把材料锯断，图（b）为锯掉工件上的多余部分，图（c）为在工件上锯槽。

1.手锯

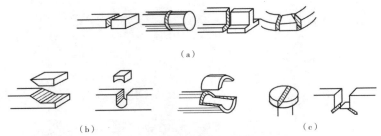

（a）

（b）　　　　　　　　　　　　　　　　　　　　（c）

图 5-12　锯削的应用范围

手锯由锯弓和锯条两部分组成。

锯弓的作用是用来装夹并张紧锯条，使得能方便地进行双手操作。根据其结构，可分为固定式和可调节式两种，如图5-13所示。

锯条是直接用来锯削材料或工件的部分。锯条一般用碳钢冷轧而成，也可以用碳素工

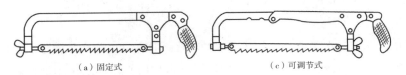

（a）固定式　　　　　　　　　　　　　　　（c）可调节式

图5-13　锯弓

具钢或合金钢制成，需要经热处理淬硬后才能使用。常用手锯的锯条长度为300 mm，其宽度为10～25 mm，厚度为0.6～1.25 mm。

锯齿的粗细是以锯条每25 mm长度内齿的个数来表示的。锯齿粗细的分类及其应用见表5-1。

表5-1　锯齿的粗细规格及应用

粗细程度	每25 mm长度内的齿数	应　用
粗	14～18	锯削软钢、黄铜、铸铁、人造胶质材料
中	22～24	锯削中等硬度钢、壁厚的钢管、铜管
细	32	薄片金属、薄壁管子

2.锯路

在制造锯条时，将全部锯齿按一定的规律左右错开，并排列成一定的形状，称为锯路。锯路能使锯削时的锯缝宽度大于锯条背的厚度，可以减小锯条与锯缝之间的摩擦，便于排屑，防止发生夹锯现象。

3.锯条的安装

由于手锯是在向前推进时进行切削，向后返回时不起切削作用，所以安装锯条时锯齿方向应朝前，如图5-14所示。锯条的松紧靠翼形螺母调节，松紧适当。太紧时，锯条受力过大，易发生折断现象；太松时，锯条容易扭曲，锯缝歪斜，还可能折断锯条。

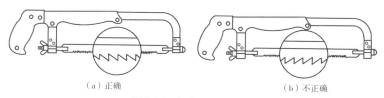

（a）正确　　　　　　　　　　　　　（b）不正确

图 5-14　锯条的安装方法

4.工件的装夹

工件一般夹持在台虎钳的左侧，以方便操作。工件的伸出端应尽量短，工件的锯削线应尽量靠近钳口（距离大约20 mm），防止工件在锯削过程中产生振动。对于薄壁、管子及已加工表面，要防止夹持太紧而使工件或表面变形。

5.锯削的方法

起锯是锯削工作的开始。起锯分远起锯和近起锯两种，如图5-15所示。

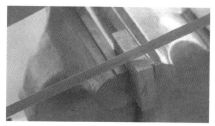

（a）近起锯方法　　　　　　　　　　　（b）远起锯方法

图5-15　起锯的操作方法

●远起锯：从工件远离操作者的一端起锯。此时锯条逐步切入材料，不易被卡住。

●近起锯：从工件靠近操作者的一端起锯。

如果方法掌握不好，锯齿会切入较深，而易被棱边卡住，使锯条崩裂。因此，一般采用远起锯的方法。无论用哪种起锯方法，锯削的角度一般不大于15°，起锯时要压力小，行程短。锯削时手锯前进的运动方式有两种：一种是直线运动，适用于锯薄形工件和直槽；另一种是摆动式，这样操作自然省力，一般采用摆动式运动。

手锯的握法：右手紧握手锯手柄，大拇指压在食指上面，用左手控制手锯的运动方向。锯弓前进时，一般不要加很大的压力，而后拉时不加压力。

锯削时，速度以每分钟20～40次为宜，并应用锯条全长的2/3工作，以延长锯条的使用寿命。

6.不同工件的锯削方法

●棒料的锯削方法：锯削棒料时，如果要求锯出的断面比较平整，应从起锯直到结束一气呵成不转动；如果对断面要求不高，为了减小阻力，便于切入，可以转过一定角度重新起锯。采用木制或弧形槽垫块夹持的方法较省力。

●管子的锯削：锯薄管子，应使用两块木制或弧形槽垫块夹持，以防夹扁管子或夹坏表面，如图5-16所示。锯削时不能从一个方向起锯，锯到管子内壁时，把管子转过一定角度再起锯，这样不断转锯，直到锯断为止。

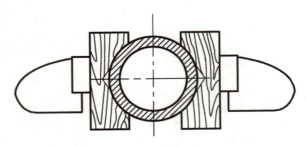

图5-16　管子的夹持

•薄板料的锯削：锯削薄板料时，可用两块木垫或金属垫（如铜块）等装夹在台虎钳一起上锯。可以避免锯齿被钩住，又可增加薄板的刚韧性，如图5-17所示。

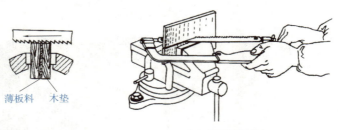

（a）薄板的夹持方法　　　　　　（b）薄板的锯削方法

图5-17　薄板料的锯削

•深缝的锯削：当锯缝的深度超过锯弓高度时，应将锯条折出转过90°重新安装，或把锯弓转180°安装锯条，锯弓背不与工件相撞就行，如图5-18所示。

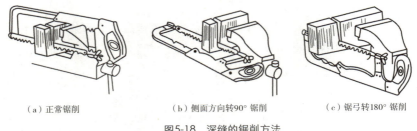

（a）正常锯削　　　　　　（b）侧面方向转90°锯削　　　　　　（c）锯弓转180°锯削

图5-18　深缝的锯削方法

四、錾削

用锤子锤击錾子对金属工件进行加工的方法称为錾削。运用錾削，可以去掉工件的飞边，对金属表面进行粗加工。錾子一般用碳素工具钢T7A锻成，其切削部经刃磨，通过热处理使其硬度达到52～62HRC。

1.錾削的工具

（1）錾子

錾子由头部、柄部和切削部分组成。錾子的种类如图5-19所示。

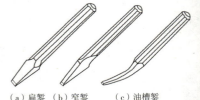

（a）扁錾　（b）窄錾　（c）油槽錾

图 5-19　常用錾子

●扁錾：切削部分扁平，切削刃较长，刀口略带圆弧形，主要用来錾削平面、去毛刺、飞边和分割材料等。

●窄錾：切削刃比较短，从切削刃到柄部逐渐变狭小，以防在錾沟槽时錾子的两侧面被卡住，主要用来錾削沟槽、分割板料及取断头螺栓等。

●油槽錾：切削刃很短，并成圆弧形，切削部分做成弯曲形状，主要用来錾削平面或曲面上的油槽等。

（2）锤子

锤子又称手锤和榔头，它是由锤头、木柄和楔子组成，如图5-20所示。根据用途不同，锤头有软、硬之分。软锤头的材料有铅、铜、硬木、橡胶等几种，软锤头多用于汽车维修装配；硬锤头主要用于錾削。

图5-20　锤子

锤子的规格指锤头的质量，常用的有0.25 kg、0.5 kg、1 kg等。手柄的截面形状为椭圆形，以便操作时定向握持。柄长以300 mm最为适宜。

2.錾削方法

（1）錾子的握法

錾子用左手的中指、无名指和小指握持，大拇指与食指自然合拢，让錾子的头部伸出约20 mm，如图5-21所示。

图5-21　錾子的握法

（2）锤子的握法

锤子的握法分紧握法和松握法两种。

●紧握法：用右手五指紧握锤柄，大拇指合在食指上，虎口对准锤头方向，木柄尾端露出15～30 mm，敲击过程中五指始终紧握，如图5-22所示。

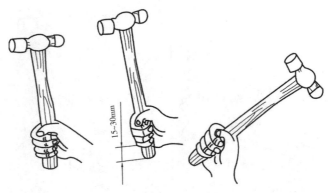

图5-22　锤子紧握法

●松握法：用大拇指合食指始终紧握锤柄。锤击时，中指、无名指、小指在运锤过程中依次紧握锤柄。这种方法可以减轻操作者的疲劳，如图5-23所示。

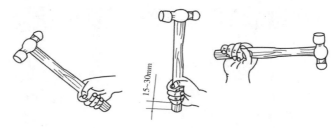

图 5-23　锤子松握法

（3）挥锤的方法

挥锤的方法分手挥、肘挥和臂挥3种。

●手挥：只是依靠手腕的运动来挥锤。此时锤击力量较小，一般用于錾削的开始和结尾或錾油槽时，如图5-24（a）所示。

●肘挥：利用腕和肘一起运动挥锤。敲击力较大，常用于材料切断，如图5-24（b）所示。

●臂挥：利用手腕、肘和臂一起挥锤。锤击力最大，适合大量錾削的场合，如图5-24（c）所示。

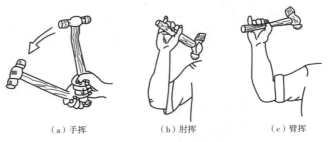

（a）手挥　　　　　　　（b）肘挥　　　　　　　（c）臂挥

图5-24　挥锤的方法

（4）錾削的姿势

錾削时，两脚互成一定的角度，左脚跨前半步，右脚稍微朝后，身体自然站立，重心偏于右脚。右脚要站稳，右脚伸直，左脚膝盖关节应稍微自然弯曲。眼睛注视錾削处，以便观察錾削的情况，而不应注视锤击处。左手握錾使其在工件上保持正确的角度。右手挥锤，使锤头沿弧线运动，进行敲击。

（5）錾削方法

錾削时，錾削量一般在0.5~2 mm最为合适，余量太少容易打滑，余量太大錾削费力。因此需掌握以下要点：

• 起錾：开始錾削时应从工件边缘的尖角处轻轻起錾。因尖角处与切削刃接触面小，阻力小，易切入，而不会产生滑脱及弹跳现象。起錾后，再把錾子逐渐移向中间，使切削刃完全参与切削，如图5-25所示。

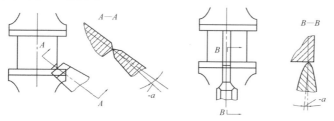

（a）斜角起錾　　　　　　　　　　（b）正面起錾

图5-25　起錾的角度

• 工作面的切削：錾削大平面时，先用窄錾在工件上錾间隔槽，再用扁錾将剩余部分錾去，避免切削部分两侧受工件卡阻，如图5-24（a）所示。

錾削较窄平面时，应选用扁錾，并使切削刃与錾削方向倾斜一定角度，如图5-26（b）所示。其作用是稳定錾子，防止錾子左右晃动而使錾出的表面不平。

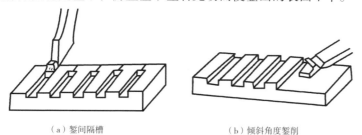

（a）錾间隔槽　　　　　　　　　　（b）倾斜角度錾削

图5-26　间隔开槽

• 终结錾削：当錾削位置距离尽头还剩10~15 mm时，应调头錾削，否则尽头的材料会崩裂，如图5-27所示。尤其对铸铁、青铜等脆性材料应特别注意。

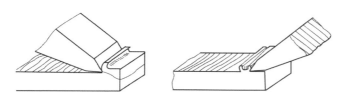

图5-27　錾到尽头时的方法

五、锉削

用锉刀对工件进行切削加工的方法称为锉削。锉刀由高碳工具钢T12制成，经热处理淬硬，硬度可达HRC62以上。锉削的精度可以达到0.01 mm，表面粗糙度可达$R_a0.8$。

1.锉刀

（1）锉刀的构造

锉刀由锉刀面、锉刀边、锉刀尾、锉刀舌和木柄等部分组成，如图5-28所示。锉刀的大小以锉刀面的工作长度表示。锉刀工作面上有无数个锉齿，锉削时每个齿都相当于一把錾子在对材料进行切削。锉纹就是锉齿规则排列所形成的图案。锉刀的齿纹有单齿纹和双齿纹两种。

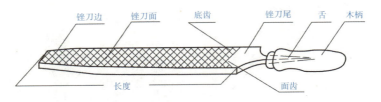

图5-28　锉刀的构造

（2）锉刀的类型

按锉刀的用途不同，锉刀可分为钳工锉、异形锉和整形锉。

●钳工锉：按其横断面形状的不同又分为扁锉、方锉、三角锉、半圆锉和圆锉等。其断面形状如图5-29所示。

●异形锉：主要用于修整工件细小部分的特殊表面。异形锉有刀形锉、三角锉、单面三角锉、椭圆锉、圆锉等，如图5-30所示。

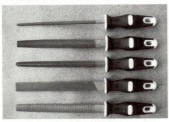

图5-29　钳工锉

图 5-30　异形锉

●整形锉：主要用于修整工件细小部分的表面。整形锉有三角形锉、单面三角形锉、椭圆锉、方锉和菱形锉等。

（3）锉刀的规格及选用

锉刀的规格分尺寸规格和齿纹粗细规格两种。

圆锉的尺寸规格用直径表示，方锉的尺寸规格以方形尺寸表示，其他锉刀的尺寸规格以锉刀的全长表示。钳工常用锉刀的规格有:100 mm、125 mm、150 mm、200 mm、250 mm、300 mm、350 mm、400 mm等。

齿纹粗细规格以锉刀在轴向每10 mm范围内主锉纹的条数表示。主锉纹是指在锉刀上起主要切削作用的齿纹；而在另一个方向上起分屑断屑作用的齿纹，称为辅齿纹。

（4）钳工锉手柄的装卸

手柄常用硬质木料或塑料制成，圆柱部分供镶铁箍用，以防止松动或裂开。装卸手柄的方法如下：安装时，先将锉柄自然插入，再用右手握持锉刀轻轻镦紧，或用手锤轻轻击打直到锉舌插入锉柄的3/4左右，如图5-31（a）所示。错误的安装方法如图5-31（b）

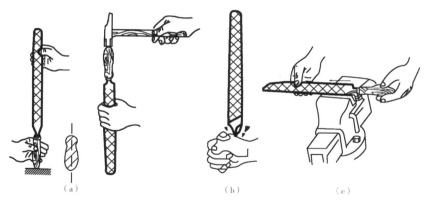

图5-31　钳工锉的装卸

所示，因为单手持木柄镦紧，可能会使锉刀因惯性大而跳出木柄的安装孔伤手。拆卸手柄时，将锉刀装夹在台虎钳钳口上，轻轻将木柄敲松后取下，如图5-31（c）所示。

2.锉削的方法

（1）锉刀的握法

右手握着锉刀柄将柄外端顶在大拇指根部的手掌上，大拇指放在手柄上，其余手指由下而上握手柄。左手掌斜放在锉梢上方，大拇指根部肌肉轻压在锉刀刀头上，大拇指自然伸出，其余各指自然卷曲，小指、无名指、中指抵住锉刀前下方，如图5-32所示。

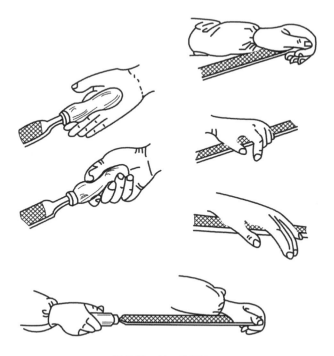

图 5-32　锉刀的握法

（2）工件的装夹

工件的装夹是否正确，直接影响到锉削质量。要符合下列要求：

①工件尽量夹持在台虎钳钳口宽度的中间。锉刀面靠近钳口，以防锉削时产生震动。

②工件装夹要牢固，但用力不可太大，以防工件变形。

③装夹半成品和精密工件时，应在台虎钳钳口垫铜皮或铝皮等软材料，防止夹坏工件表面。

3.锉削平面的方法

● 顺向锉：是最普通的锉削方法。锉刀运动的方向与工件夹持方向始终一致。顺向锉可得到正确的锉痕，而且比较美观，所以精锉时通常采用这种方法，如图5-33所示。

● 交叉锉：交叉锉时锉刀与工件接触面较大，锉刀容易保持平稳，工作效率较高，适用于对工件进行粗锉，如图5-34所示。

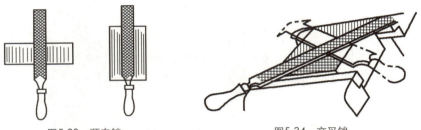

图5-33　顺向锉　　　　　　　　　　　图5-34　交叉锉

● 推锉：一般用来锉削狭长平面，因推锉不能充分发挥手臂的力量，故锉削效率低，所以只在加工余量较小和修整尺寸的场合采用这种方法，如图5-35所示。

4.锉削平面的检验方法

锉削平面的平面度误差一般用钢直尺或刀口形直尺沿加工面的纵向、横向和对角线方向以透光法检查，如图5-36所示。

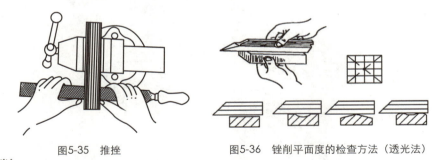

图5-35　推锉　　　　　　　　图5-36　锉削平面度的检查方法（透光法）

六、钻削

用钻头在实体材料上加工孔的方法称为钻孔。

在钻床上钻孔时，钻头的旋转运动是主运动，钻头沿轴向的直线移动是进给运动。

1.麻花钻

麻花钻由柄部、颈部和工作部分组成，如图5-37所示。

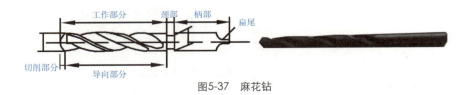

图5-37　麻花钻

●柄部：有直柄和锥柄两种。一般钻头直径小于13 mm的制成直柄，大于13 mm的制成锥柄。它的夹持部分是用来传递钻孔时所需的扭矩和轴向力。

●颈部：颈部在磨制钻头时供砂轮退刀用。还可以印钻头的规格、材料和商标等。

●工作部分：由切削部分和导向部分组成。切削部分主要起切削作用；导向部分的作用不仅是保持钻头钻孔时的正确钻削方向和修光孔壁，同时还是切削部分的后备部分。

麻花钻的切削部分有六面五刃，包括两个前刀面、两个后刀面、两个副后刀面、两条主切削刃、两条副切削刃、一条横刃，如图5-38所示。

●前刀面：切削部分的两螺旋槽表面。

●后刀面：切削部分顶端的两个曲面，加工时它与工件的切削表面相对。

●副后刀面：与已加工表面相对的钻头的两棱边。

●主切削刃：前刀面与后刀面的交线，麻花钻主切削刃为直线。标准的麻花钻顶角为118°。

●副切削刃：两个前刀面与副后刀面的交线。

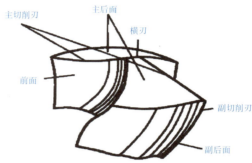

图5-38 钻头的切削部分

●横刃：两个后刀面的交线。

在砂轮机上磨削麻花钻的切削部分，以获得所需要的几何形状及角度的过程，称为钻头的刃磨。磨削钻头的要求如下：

①麻花钻两主切削刃和轴线之间的夹角相等，两主切削刃的长度相等。

②麻花钻的副后角磨6°～8°，并使棱边宽度为原来的1/3～1/2。其目的是减少棱边对孔壁的摩擦，提高钻头的耐用性。

③横刃斜角在50°～55°，横刃太长，轴向力增大，横刃太短，将影响钻尖的强度。

④麻花钻直径大于15 mm，可在钻头的两个面上磨出几条相互错开的分屑槽，有利于切屑的排出。

2.钻孔的方法

（1）工件的装夹

平整工件的孔直径在8 mm以下，又可以用手握牢，可直接进行钻孔。不能直接用手握牢的小工件可用手虎钳或小型平口虎钳夹持。

圆柱形工件可用V形架夹持。

当需在工件上钻较大孔，或用平口虎钳不好夹持时，可用搭压板夹持。

（2）选择切削用量

钻孔时的切削用量包括：切削速度u、进给量f、切削深度a。

合理选择切削用量，是为了保证加工精度、表面粗糙度，以及在钻头合理耐用的前提下，最大限度提高生产率。切削用量不允许超过机床的功率和机床、刀具、夹具等的强度和刚度。

孔的表面粗糙度，取决于进给量和切削速度。进给量越大，加工表面的残留面积越大，表面越粗糙。

（3）钻头的装拆

钻头柄部有直柄钻头和锥柄钻头两种。

● 直柄钻头的装拆：先将直柄钻头柄部塞入钻夹头的3个卡爪内夹持，其夹持长度不少于10～15 mm，然后用钻夹头钥匙旋转夹头套，使内螺纹圈带动3个爪转动，可夹紧或松开钻头，如图5-39和图5-40所示。

● 锥柄钻头的装拆：当锥柄钻头的柄部锥度号数与钻床主轴锥孔相同时，可以直接装入。装夹前，把钻头锥柄和主轴锥孔擦干净，且使钻头柄部扁尾与主轴上的腰形孔中心方向一致，加速冲力一次装好，如图5-41所示。

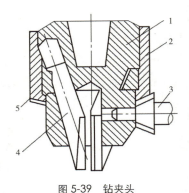

图 5-39 钻夹头

1—夹头体；2—夹头套；
3—钥匙；4—夹爪；5—内螺纹圈

图5-40 钥匙

图 5-41 钻头套

当需要将钻头或钻头套从主轴锥孔内卸下时，将斜铁敲入钻床主轴的腰形孔内，利用斜边在敲击时向下的分力，将钻头从主轴锥孔中卸下，如图5-42所示。

（4）试钻

起钻时，先将钻头对准钻孔中心的样冲眼钻出一个浅坑，观看钻孔的位置是否正确，并不断借正，使浅坑与找正圆同轴。

（5）借正

若偏位较少，可用力将工件向偏移的方向推移，达到逐步校正；如果偏位较多，可在借正方向上打几个样冲，或用油槽錾錾几条浅槽达到借正的目的，如图5-43所示。

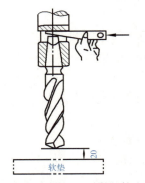

图5-42 从主轴上取出锥柄钻头

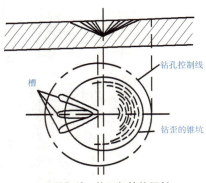

图5-43 校正起钻的歪斜

（6）钻孔时的冷却

钻削时加切削液，是为了钻头在钻削过程中温度不致过高，减小钻头与工件、切屑之间的摩擦力，以及清除粘附在钻头和工件表面上的积屑瘤，延长钻头的使用寿命。常见的切削液有：机油、煤油、菜油、乳化液等。

任务实施

制作长方体

1.操作准备

准备150 mm×100 mm的工件材料、平面錾子、手锤、划线平台、划针、锯弓、锯条、300 mm钳工锉，150 mm钢直尺、0～150 mm游标卡尺，刀口形直尺等工具和材料。

2.操作过程

（1）划线

将毛坯材料放在平台上，根据图样用划针、钢直尺划线，长为54 mm、宽为42 mm。

（2）锯削

①要注意起锯的方法和起锯的角度，眼睛注视划出的线条，以避免开始锯削就造成废品或锯条损坏。

②要经常注意锯缝的平直情况，发现锯缝不直就要及时纠正。

③当锯缝的深度超过锯弓高度时，可以调头或将锯条折出转90°或180°进行锯削。

（3）錾削

将锯下的正方体工件装夹在台虎钳中，下面垫好木垫，用平面錾和手锤将多余的毛坯錾去。錾削时注意不要錾到划的线上。

（4）锉削

①先用游标卡尺测量，确定加工余量。

②使用钳工锉刀，用交叉锉的方法锉削正方体的4个面。

③用刀口形直尺检查加工面，可以用顺向锉修正。

任务拓展

麻花钻的刃磨

目前，钻孔技术在汽车维修中具有相当重要的作用。在学习钻孔技术前，先要掌握麻花钻的刃磨。

1.正确使用砂轮机

①开机时听砂轮机是否有异声，检查砂轮机有无松动情况。

②砂轮机旋转方向要正确，使磨屑向下飞离，避免伤人。

③砂轮启动后，应使砂轮机旋转平稳后再开始刃磨。若砂轮机有明显跳动，要及时调

整（可用金刚笔或旧砂轮调整）。

④砂轮启动后，防止工具和工件对砂轮机发生撞击或施加过大的压力。

⑤刃磨过程中，操作者应站在砂轮的侧面或斜对面，不允许站在砂轮的正对面，以防事故发生。

2.麻花钻的刃磨方法

①磨削钻头时，要注意手握钻头不能握得太长或太短，防止手受伤。

②磨削钻头时，施加压力不能太大，防止钻头磨变色退火，而不能正常钻削。

③为了延长钻头的使用寿命，磨削时要多次冷却。

任务检测

一、填空题

1.钳工是使用钳工工具、钻床等，按技术要求对工件进行_____、_____的工种。

2.划线一般分为_____和_____两种。

3.手锯由_____和_____两部分组成。

4.挥锤的方法分_____、_____和_____三种，其中_____使用最多。

5.按锉刀的用途不同，锉刀可分为_____、_____和_____三类。

6.麻花钻由_____、_____和_____组成。

二、判断题

1.磨削砂轮机时，人要正面面对砂轮机站立。　　　　　　　　　　　（　　　）

2.根据工件材料的硬度选择锯条的粗细，锯薄板或薄壁管时，选细齿锯条。（　　　）

3.由于手锯是在向前推进时进行切削，所以在安装锯条时锯齿应朝前。　（　　　）

4.在磨削钻头时，不要沾水冷却，防止钻头退火。　　　　　　　　　（　　　）

5.锯削时，以每分钟40次左右为宜，以免锯条迅速磨钝。　　　　　　（　　　）

6.当錾削位置距离尽头为10~15 mm时，应及时调头錾削，否则尽头材料会崩裂。（　　　）

三、简答题

1.简述划线、锯削、钻孔的工作内容。

2.简述磨削砂轮的注意事项。

3.简述使用台钻时的注意事项。

评价与反思

评价表

序号	项　目	考核内容	配分/分	评分标准	得分
1	7S	被测工件、工作台的清洁	10	少清洁一项扣2分	
2	技能考核	4个面横向平面	20	酌情扣分	
		4个纵向平面	20	酌情扣分	
		尺寸50±0.1 mm	10	超差不得分	
		R_a表面粗糙度	10	酌情扣分	
		工时为4小时	10	超过20分钟扣5分	
		清洁、涂油	10	酌情扣分	
3	安全	安全操作	10	未按要求操作不得分	
	总　分		100	合　计	

反思

1.怎样才能学好钳工技能？

2.钳工技能在汽车维修中起到怎样的作用？

任务二　攻螺纹和套螺纹

任务描述

在汽车制造中，有很多零部件都有螺纹，用以相互之间的连接和固定，所以我们必须掌握攻螺纹和套螺纹的方法。

任务目标

完成本任务的学习后，你应能：

★ 描述螺纹加工的方法；

★ 正确使用加工螺纹的工具；

★ 完成攻螺纹和套螺纹的操作。

建议学时：12学时。

相关知识

一、攻螺纹

用丝锥在孔中切削加工内螺纹的方法称为攻螺纹。

1.攻螺纹的工具

（1）丝锥

● 功用：丝锥是加工内螺纹的工具，它由高速钢、碳素工具钢或合金工具钢制成。

● 类型：丝锥的类型较多，按使用方法可分为手用丝锥和机用丝锥。

◆ 手用丝锥：是手工攻螺纹的一种丝锥，如图5-44（a）所示，它常用于各种修配工作。

◆ 机用丝锥：是通过攻螺纹夹头，装夹在机床上使用的一种丝锥，如图5-44（b）所示。

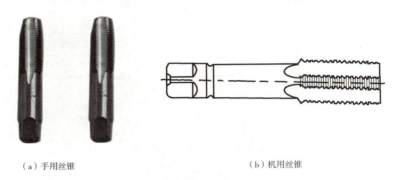

（a）手用丝锥　　　　　　　　　　　　　（b）机用丝锥

图5-44　丝锥

丝锥按用途又可以分为普通螺纹丝锥、英制螺纹丝锥、圆柱管螺纹丝锥等。

◆ 普通螺纹丝锥：分为粗牙和细牙两种，可用来攻通孔或盲孔。

◆ 圆柱管螺纹丝锥：工作部分较短，可用来攻各种圆柱螺纹。常见的圆柱管螺纹丝锥是两支一套的手用丝锥。

● 构造：丝锥由工作部分和柄部组成，如图5-45所示。柄部在攻螺纹时用于夹持，起到传递扭矩的作用。工作部分由切削部分和校准部分组成，切削部分磨出锥角，便于切削；校准部分具有完整的牙型，用来修光和校正已切削出的螺纹。

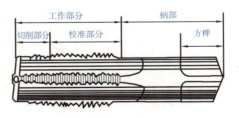

图 5-45　丝锥的构造

攻螺纹时，一般将整个切削的工作量分配给几支丝锥共同承担。通常 M6-M24的丝锥每套有2支，称为头锥和二锥；M6以下及M24以上的丝锥每套有3支，称为头锥、二锥、三锥；细牙螺纹丝锥不论大小均为2支一套。

（2）铰杠

●功用：铰杠是手工攻螺纹时用来夹持丝锥的工具。

●类型：铰杠分为普通铰杠和丁字形铰杠，如图5-46所示。

常用的铰杠可以调节方孔的大小，便于夹持不同的丝锥。铰杠长度应根据丝锥尺寸大小进行选择，以便控制攻螺纹的扭矩，防止丝锥因受力不当而扭断。

（a）普通铰杠　　　　　　　　（b）丁字形铰杠

图5-46　普通铰杠和丁字形铰杠

2.攻螺纹的方法

①攻螺纹前，确定底孔直径。攻螺纹时丝锥对金属层有较强的挤压作用，使攻出的螺纹的小径小于底孔的直径。所以，攻螺纹前的直径应稍大于螺纹小径。

攻钢件或塑性较大的材料时，底孔直径的计算公式为：

$$D_孔=D-P$$

式中，$D_孔$——螺纹底孔直径，mm；

　　　D——螺纹大径，mm；

　　　P——螺距，mm。

例：M12的普通粗牙螺纹，螺距为2 mm，求出攻螺纹前的底孔直径。

解：已知$D=12$ mm，$P=2$ mm

根据公式：　$D_孔=D-P$

　　　　　　　　　$=12$ mm-2 mm

　　　　　　　　　$=10$ mm

答：攻螺纹前的底孔直径为10 mm。

攻铸铁或较小材料时，底孔直径的计算公式为：

$$D_孔=D-（1.05\sim1.1）P$$

②攻螺纹前，确定底孔深度。攻不通孔螺纹时，由于丝锥切削部分有锥角，低端不能攻出完整的螺纹牙形，所以钻孔的深度要大于螺纹的有效长度。底孔深度的计算公式为：

$$H=h+0.7D$$

式中，H——底孔深度，mm；

　　　h——螺纹有效长度，mm；

　　　D——螺纹大径，mm。

攻螺纹的要点如下：

①攻螺纹前螺纹底孔口要倒角，通孔螺纹两端孔口都要倒角。这样可使丝锥容易切入，并防止攻螺纹后孔口的螺纹崩裂。

②攻螺纹前，工件的装夹位置要正确，应尽量使螺孔中心线置于水平或垂直位置，其

目的是攻螺纹时便于判断丝锥是否垂直于工件表面。

③开始攻螺纹时，应把丝锥放正，右手按住铰杠中部沿丝锥中心线用力加压，此时左手配合作顺向旋进；或两手握住铰杠两端平衡施加压力，并将丝锥顺向旋进，保持丝锥中心线与孔中心线重合，不能歪斜。当切削部分切入工件1/2圈时，用目测或角尺检查和校正丝锥的位置。当切削部分全部切入工件时，应停止对丝锥加压力，只需平稳地转动铰杠，靠丝锥上的螺纹自然旋进。

④为了避免切削过长咬住丝锥，攻螺纹时应经常将丝锥反方向转动1/2圈左右，使切屑碎断后容易排出。

⑤攻不通螺纹时，要经常退出丝锥，排除孔中的切屑。当将要攻到孔底时，应及时排除孔底的积屑，以免攻到孔底丝锥被轧住。

⑥攻通螺纹时，丝锥校准部分不应全部攻出头，否则会扩大或损坏孔口最后几牙螺纹。

⑦丝锥退出时，应先用铰杠带动螺纹平稳地反向转动，当能用手直接旋动丝锥时，应停止使用铰杠，以防铰杠带动丝锥退出时产生摇摆和振动，破坏螺纹表面的粗糙度。

⑧在攻螺纹过程中，换用另一支丝锥时，应先用手将丝锥旋入已攻出的螺孔中，直到用手旋不动时，再用铰杠进行攻螺纹。

⑨在攻材料硬度较高的螺纹时，应头锥、二锥交替攻削，这样可减轻头锥切削部分的载荷，防止丝锥折断。

⑩攻塑性材料的螺纹时，要加切削液，以减小切削阻力和提高螺孔的表面质量，延长丝锥的使用寿命。一般用机油或浓度较大的乳化液，要求精度高的螺纹孔也可以用菜油或二氧化钼等。

二、套螺纹

用板牙在圆杆或管子上切削加工外螺纹的方法称为套螺纹。

1.套螺纹的工具

（1）板牙

• 功用：板牙是加工外螺纹的工具，其外形像一个螺母，只是在它上面钻有几个排屑孔并形成刀刃，如图5-47所示。板牙由合金钢制成，并经热处理淬硬。

• 结构：板牙由切屑部分、校准部分和排屑孔组成。板牙两端锥度为40°～50°。板牙外圆上有4个紧定螺钉坑和一个V形槽。螺钉坑用于固定板牙。

（2）板牙铰杠

• 功用：板牙铰杠是手工套螺纹时的辅助工具，如图5-48所示。

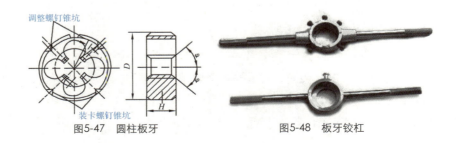

图5-47　圆柱板牙　　　　　　图5-48　板牙铰杠

●结构：板牙铰杠的外圆有4个紧定螺钉和一个调松紧螺钉，使用时，紧定螺钉将板牙紧固在铰杠中，并传递套螺纹时的扭矩。当使用的圆板牙带有V形调整槽时，通过调节上面2个紧定螺钉和调整螺钉，可使板牙螺纹直径在一定的范围内变动。

2.套螺纹的方法

套螺纹时，金属材料因受圆板牙的挤压而产生变形，螺纹牙尖将被挤高一些。所以套螺纹前，圆杆的直径应稍小于螺纹的大径。套螺纹前圆杆直径的计算公式为：

$$d_g \approx d - 0.13P$$

式中，d_g——套螺纹前圆杆直径，mm；

　　　d——螺纹大径，mm；

　　　P——螺距，mm。

套螺纹时的注意事项：

①为使板牙容易对准工件和切入工件，圆杆端部都要倒圆锥斜角15°～20°，如图5-49所示。避免端部出现锋口和卷边而影响螺母的拧入。

②为了防止圆杆夹持出现偏斜和夹出痕迹，圆杆应装夹在用硬木制成的V形钳口或软金属制成的衬垫中，在加衬垫时圆杆套螺纹部分离钳口要尽量近，如图5-50所示。

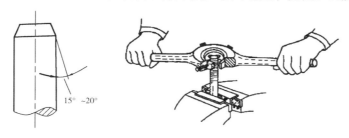

图5-49　圆杆端部应倒角　　　　图5-50　套螺纹的要点

③套螺纹时应保持圆板牙端面与圆杆轴线垂直，否则套出的螺纹两面会有深浅之别，甚至烂牙。

④在开始套螺纹时，可用手掌按住圆板牙中心，适当增加压力并转动铰杠。当圆板牙切入圆杆1~2圈时，应目测检查和校正板牙的位置。当板牙切入圆杆3~4圈时，应停止施加压力。而仅平稳的转动铰杠，靠板牙螺纹自然旋进套螺纹。

⑤为了避免切屑过长，在套螺纹过程中圆板牙应经常倒转。

⑥在钢件上套螺纹时要加切削液，以延长板牙的使用寿命，减小螺纹的表面粗糙。

3.螺纹的检查

①钳工利用丝锥和板牙等成形刀具进行螺纹加工时，一般只对螺纹外观和螺孔轴线相对孔口端面的垂直度进行检查。

②检查螺纹外观主要是观察攻出或套出的螺纹是否有烂牙、滑牙；螺孔是否攻正；牙深是否足够以及螺纹表面质量是否满足要求等。

③检查螺孔轴线相对孔口端面的垂直度是将一个标准的检验工具（一端带螺纹，另一端为圆柱面）旋入已攻好的螺纹孔内，然后用90°角尺靠在螺孔端面上，检查在规定长度内的垂直度误差。对于垂直度要求不高的螺孔，也可以在螺孔内拧入双头螺纹（或长螺

纹）作粗略检查。

4.切削液的选用

与攻螺纹一样，套螺纹时必须选用合适的切削液，一般使用加浓的乳化液或机油，要求较高时用菜油或二氧化钼。

任务实施

制作内螺纹与外螺纹

攻螺纹

1.操作准备

准备已加工好的52 mm×40 mm长方体、一根12 mm螺杆、钻床、一把钳工锉、划针、钢直尺、样冲、10 mm钻头、丝锥M12、圆板牙M12、丝锥铰杠、板牙铰杠、0～150 mm游标卡尺等材料和工具，制作图样如图5-51所示。

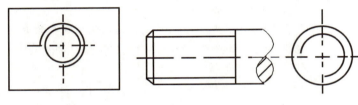

（a）内螺纹制作　　　　（b）外螺纹制作

图5-51　制作内螺纹与外螺纹

套螺纹

2.操作过程

①先在长方体上面划线，找出中心点，然后在中心点打样冲眼。样冲眼要求打稍大些。

②把10 mm的钻头装夹好钻孔。

③把M12的丝锥装夹在铰杠上，加点润滑油，然后攻螺纹。

④再把12 mm螺杆装夹在台虎钳上，用钳工锉倒15°角。

⑤在螺杆上加点润滑油，然后把圆板牙装在板牙铰杠上，开始套螺纹。

⑥最后把螺杆套在长方体上，检查是否合格。

任务拓展

拆装油底壳

①首先必须将发动机里面的油全部放出，然后拆卸紧固螺栓。

②用柴油或汽油对油底壳进行清洗。

③检查油底壳下面的封闭螺栓和油底壳上内螺纹是否滑丝、能否封住油等。如果封不住油，就得在原来的螺纹基础上，重做内螺纹和封闭螺栓，加垫子锁紧，防止漏油。

④在装回油底壳前，先把发动机缸体和油底壳端盖上原来的密封胶清除，然后再涂上新的密封胶，最后用紧固螺栓锁紧。

⑤根据汽车维修手册，用扭力扳手将螺栓紧固。

任务检测

一、填空题

1.丝锥是加工 _____ 的工具，它由 _____ 钢、_____ 钢或 _____ 钢制成。

2.丝锥按用途可以分为 _____ 丝锥、_____ 丝锥、_____ 丝锥等。

3.铰杠分 _____ 和 _____ 。

4.板牙由 _____ 、_____ 和 _____ 组成。

5.套螺纹时必须选用合适的切削液，一般使用加浓的 _____ 或 _____ ，要求较高时用 _____ 或 _____ 。

二、判断题

1.铰杠长度应根据丝锥尺寸大小进行选择，以便控制攻螺纹的扭矩，防止丝锥因受力不当而扭断。　　　　　　　　　　　　　　　　　　　　　（　　　）

2.攻螺纹前，先要确定底孔深度。　　　　　　　　　　　　　　（　　　）

3.套螺纹时，板牙没有经常倒转容易烂牙。　　　　　　　　　　（　　　）

4.攻螺纹和套螺纹时，可以不加润滑油。　　　　　　　　　　　（　　　）

三、简答题

1.简述攻螺纹和套螺纹的含义。

2.简述攻螺纹的方法。

3.简述套螺纹的方法。

四、计算题

M10×1.5的普通细牙螺纹，螺距为1.5 mm，求攻螺纹前的底孔直径？

评价与反思

评价表

序号	项　目	考核内容	配分/分	评分标准	得分
1	7S	被测工件、工作台的清洁	10	少清洁一项扣2分	
2	技能考核	钻孔位置	10	酌情扣分	
		底孔直径	10	超差0.5 mm不得分	
		攻螺纹M12	15	歪斜、烂牙不得分	
		螺杆倒角	5	酌情扣分	
		套螺纹M12	15	歪斜、烂牙不得分	
		装配	20	装配不合格不得分	
		清洁、涂油	5	酌情扣分	
3	安全	安全操作	10	未按要求操作不得分	
	总　分		100	合　计	

反思

1.如何能快速、高效地完成螺纹加工?

2.在加工螺纹的过程中,有哪些安全注意事项?

任务三 取断头螺栓

任务描述

在汽车发动机缸体或工件上,由于螺栓长期受温度、振动、机修工人多次拆装和旋转扭矩过大的影响,会发生热变形和塑性变形,从而造成疲劳断裂,所以在维修中常常需要取断头螺栓。

任务目标

完成本任务的学习后,你应能:

★ 认识并使用取断头螺栓的工具;

★ 按要求取出断头螺栓。

建议学时:12学时。

相关知识

一、螺栓的性能与材质

螺栓的性能等级分为3.6、4.6、4.8、5.6、6.8、8.8、9.8、10.9、12.9等10个等级。

螺栓的材质为低碳合金钢或中碳钢,螺栓经热处理(淬火、回火)变硬,其中8.8级以上通称为高强度螺栓,其余称为普通螺栓。

二、取断头螺栓的方法

●錾取法:在取断头螺栓前,喷适量的螺栓松动剂,去除铁锈,再用錾子从螺栓折断处沿着螺栓反方向(左松右紧的方法)用锤子敲击錾子,使螺栓慢慢地按逆时针方向退出,如图5-52所示。

●锯槽法:螺栓断头伸出连接件较短,且螺栓的拧紧力矩不大,可用钢锯在断头螺栓的

图5-52　錾取法

图5-53　锯槽法

断面锯出一条2~3mm深的细槽，然后用一字螺丝刀将螺栓慢慢地拧出，如图5-53所示。

●锉方头法：如果螺栓断头高出工作面，可以用锉刀将断头螺栓的上端锉出两条平行线或一个方头，然后用活动扳手扳手将螺栓拧出，如图5-54所示。

●焊接法：如果断头螺栓高出工作面，可在原来断头螺栓上焊上一个螺母待其冷却后，用扳手通过拧螺母将螺栓拧出，如图5-55所示。

图5-54　锉方头法

图5-55　焊接法

●工具法（取出器）：先将断头螺栓的断裂端面处用锉刀锉平，然后在端面上打样冲眼，用钻头钻出比螺栓直径小的孔，把取出器旋入钻好的孔内，再用反方向攻螺纹的方法将断头螺栓拧出，如图5-56所示。

●机械冷加工去除法：先将断头处磨致平整，找准中心，用中心钻在断头面上钻中心孔，用较小的钻头将断头螺栓中心钻穿，

图5-56　工具法

用锋利的扁铲剔除剩余的螺纹材料，最后用丝锥修理内螺纹。

●加热熔化法：在断头螺栓的中心线上钻通孔，再用乙炔（C_2H_2）加氧气点燃加热，直到断头螺栓熔化。汽车发动机缸体是铸铁做的，氧焊是割不动铸铁的，所以缸体不会受高温影响而损坏。断头螺栓熔化掉以后，在均匀、缓慢冷却后用丝锥修理内螺纹达到理想的要求。还可以用电火花加工设备将断头螺栓熔掉，再用丝锥修理内螺纹。

任务实施

取断头螺栓

取断头螺栓

1.操作准备

准备带螺纹长方体工件、一根螺杆、5 mm钻头、一根中心钻、一套取出器、锉刀、划针、样冲、铰杠、钢锯、锯条、手锤等材料和工具。

2.操作过程

①先将螺栓用工件锯1/3，套在内螺母上折断。

②在断头螺栓处用锉刀锉平，在断面上划线找出中心点，然后打样冲。

③用中心钻在中心点钻中心孔。

④用5 mm钻头钻通断头螺栓。

⑤把取出器固定在铰杠上，然后旋入断头螺栓的小孔中，再用反方向攻螺纹方法取出断头螺栓。

任务拓展

螺纹连接的修理与装配

螺纹连接是一种可拆卸的固定连接，它具有结构简单、连接可靠、拆装方便等优点。螺纹连接可分为两类，一类是普通螺纹连接，另一类是特殊螺纹连接。由螺栓、螺柱或螺钉构成的连接称为普通螺纹连接；由其他螺纹零件（如传动轴上的螺纹）构成的连接称为特殊螺纹连接。

1.螺纹连接损坏的修理方法

（1）螺纹连接配合过松的修理

当零件上的螺纹损坏或螺钉、螺柱的配合太松时，可将该螺孔钻大，攻更新尺寸的新螺孔，更换与之相配的新螺钉、新螺柱，以满足尺寸配合的要求。

• 镶螺纹套修复法：将损坏的螺孔扩大到镶套的外径尺寸，并用丝锥攻出新螺纹，用机械加工的方法加工出具有内螺纹的螺纹套。螺纹套的内螺纹与原螺纹孔的螺纹相同，外螺纹与新螺纹的内螺纹相同。为防止被镶入的螺纹套转动，可在螺纹套的外圆处钻铰一小孔，然后打入止动的圆柱销。

• 配制台阶形双头螺柱修复法：先将损坏的螺孔扩大，攻制尺寸较大的新螺纹，再根据螺孔制作台阶形双头螺柱。螺柱大端与新攻制的螺纹相同，螺柱小端与原螺柱螺纹相同，最后将新制作的台阶形双头螺柱拧入新的螺纹孔内。

（2）螺纹牙型损坏的修理

当零件上的内螺纹牙型损坏2~3扣时，只要螺孔深度足够，可以用丝锥再攻深几个螺距，并装入一个比原螺栓长2~3个螺距的螺栓即可。当螺钉、螺栓的牙型损坏时，立即更换新的螺钉和螺栓。

（3）螺纹连接锈蚀的修理

当螺钉、螺栓因锈蚀难拆卸时，可采用下列方法进行修复：

●把煤油或松动液滴入螺钉、螺母上，待渗入后再进行拆卸。

●用手锤敲打螺母或螺栓头部，使锈蚀受到振动而脱落后再进行拆卸。

2.螺纹连接的装配

（1）双头螺栓的装配

双头螺栓的装配要点：

①应保证双头螺柱与基本螺纹配合有足够的紧固性。

② 双头螺柱的轴线必须与基体表面垂直。

③装配双头螺柱时必须加注润滑油。

④对有预紧力要求的螺纹连接，必须采用预置式的扭力扳手拧紧。

双头螺柱的拧紧方法：

先将连接部分清洁，再加润滑油才能装配。

●用两个螺母拧紧：将两个螺母相互锁紧在双头螺柱的一端，再将螺柱的另一端拧入螺纹孔，然后扳动上面一个螺母，即可将双头螺柱拧紧。

●用长螺母拧紧：将长螺母拧入双头螺柱上，再将一个止动螺钉拧入长螺母中，并顶在双头螺柱的端面，然后再用扳手扳转长螺母，即可将双头螺柱拧紧，最后再把止动螺钉旋松卸下长螺母。

（2）螺钉、螺栓、螺母的装配

装配前，要把螺钉、螺母和零件表面擦干净，加润滑油。

装配后，螺钉、螺栓、螺母的表面必须与零件表面紧密贴合，以保证连接的可靠性。

螺母和螺钉的装配要点：

①螺钉不能弯曲变形，螺钉、螺母与基体接触良好。

②被连接件应受力均匀，互相贴合，连接牢固。

③拧紧成组螺钉时，需要一定的顺序逐次拧紧。拧紧原则一般是从中间向两边对称扩展。

任务检测

一、判断题

1.螺栓是由低碳合金钢或中碳钢经热处理淬硬而成。　　　　　　　（　　　）

2.8.8级以上的螺栓称为普通螺栓。　　　　　　　　　　　　　　（　　　）

二、简答题

取断头螺栓的方法有哪些？

评价与反思

评价表

序号	项 目	考核内容	配分/分	考核标准	得分
1	7S	被测工件、工作台的清洁	10	少清洁一项扣2分	
2	技能考核	钻孔位置	10	酌情扣分	
		底孔直径	10	超差0.5mm不得分	
		攻螺纹M12	15	歪斜、烂牙不得分	
		螺杆倒角	5	未倒角不得分	
		套螺纹M12	15	歪斜、烂牙不得分	
		装配	15	装配不合格不得分	
		清洁、涂油	10	酌情扣分	
1	安全	安全操作	10	未按要求操作不得分	
	总　分		100	合　计	

反思

1.在取断头螺栓时，怎样正确选用工具?

2.取断头螺栓在汽车维修中的作用是什么?

项目六　汽车维修量具的使用

在汽车维修过程中，需要对很多零部件进行测量，且各个部位的精度要求不一样，所以会因为精度等级的不一样而选择不同的量具。常用的量具有游标卡尺、千分尺、百分表等。在汽车维修过程中，如何选择和正确使用量具是一个汽车维修人员应具备的基本素质。

任务一　使用游标卡尺

任务描述

　　游标卡尺作为汽车维修、检测中常用的量具，了解其结构、原理、使用方法和保养是非常必要的。

任务目标

完成本任务的学习后，你应能：

★ 描述游标卡尺的分类、构成和作用；

★ 正确使用游标卡尺对工件进行测量；

★ 对游标卡尺进行保养。

建议学时：4学时。

相关知识

一、认识游标卡尺

　　●功用：游标卡尺是应用比较广的通用量具，可用来测量长度、内外径、深度等。

　　●特点：结构简单、使用方便、测量范围大、测量精度高。

　　●类型：游标卡尺有0~150 mm不同规格的测量范围，根据用途不同，可分为长度游标卡尺、深度游标卡尺、高度游标卡尺3种；根据其测量精度不同，可分为0.10 mm、0.05 mm、0.02 mm3种。3种精度的游标卡尺，尺身上的刻线都是相同的，都是每1个小格为1mm。如果游标上有10个刻度，则每一个刻度为0.10 mm；如果游标上有20个刻度，则每一个刻度为0.05 mm；如果游标上有50个刻度，则每一个刻度为0.02 mm。目前，维修作业中常用精度为0.02 mm的游标卡尺。

　　●结构：如图6-1所示，由一个带刻度杆的固定量爪和一个滑动量爪（包括外量爪和内量爪）组成。尺身上有主刻度尺，而滑动游标上有副刻度尺。游标卡尺有两副活动量爪，分别是内测量爪和外测量爪，内测量爪主要用来测量内径，外测量爪主要用来测量长度和外径。深度尺是与游标尺连在一起的，可以测量槽和孔的深度。

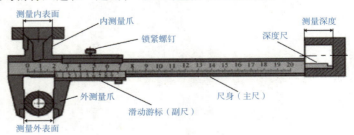

图6-1　游标卡尺

二、游标卡尺的读数

游标卡尺的读数是由主尺和副尺两部分组成。根据游标卡尺的刻线原理，游标卡尺的读数可以分为3个步骤：

①在尺身上读出位于游标零线左侧的毫米（mm）尺寸数，为测量结果的整数部分。

②读出游标上与尺身上刻线对齐的刻线数值，用此数值乘以该游标卡尺的精度（即如果该游标卡尺的精度是0.02 mm，则用游标上的刻度数值乘以0.02），即为小数部分。

③把整数部分和小数部分相加即为尺寸测量的结果。

例：读出图6-2和图6-3所示的游标卡尺数值，已知该游标卡尺的精度是0.02 mm。

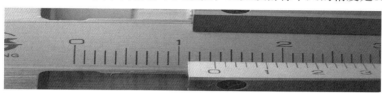

图6-2　游标卡尺主尺上的数值

图6-3　游标卡尺副尺上的数值

解：①首先读出游标零线左边与主刻度尺身相邻的第一条刻度线，即测得尺寸的整数值，主尺为13.00 mm。

②再读出游标副尺上与主尺刻度线对齐的那一条刻度线所表示的数值，即为测量值的小数（副尺×精确度），游标读数为：22×0.02 mm=0.44 mm。

③将主尺与游标上的读数相加，即读数为13.00 mm+0.44 mm=13.44 mm。

三、使用注意事项

①测量前应将游标卡尺清理干净，特别是两测量爪必须清洁，否则会影响测量精度。

②测量前必须对游标卡尺锁紧螺钉、游标的滑动情况、量爪的损伤情况进行检查。

③测量前必须对游标卡尺进行校零，将主副尺零点刻线对齐，表示误差为零。

④测量时，工件与游标卡尺要对正，测量位置要正确，两测量爪要与工件表面贴合，不能歪斜，并掌握好测量爪与工件接触面的松紧程度。在测量过程中应注意保护好量爪，避免因量爪损伤而造成测量误差。

⑤读数时，眼睛应与游标卡尺上的刻度线平行，不能斜视，防止造成测量误差。

⑥由于游标卡尺的精度是小数点后面两位，故读数时必须要读到小数点后面两位，如20.00 mm，小数点后面的两个零都不能省掉。

⑦测量完成后，必须及时将游标卡尺清洁后装入盒子内，严禁测量后随意乱扔造成游标卡尺的损坏。

任务实施

用游标卡尺测量圆筒工件的尺寸

1.操作准备

准备游标卡尺、优质毛巾、长方体工件、圆筒工件等工具和材料。

2.操作过程

①检查游标卡尺上的游标、锁紧螺钉、测量爪是否损坏，如图6-4所示。

②清洁游标卡尺及测量的工件，特别是游标卡尺的测量爪，如图6-5所示。

使用游标卡尺

图6-4　检查游标卡尺

> **友情提示**
>
> 检查时应轻拿轻放，避免损坏测量爪。

图6-5　清洁游标卡尺

> **友情提示**
>
> 注意内测量爪和外测量爪要清洁彻底，避免清洁不彻底造成测量误差，同时要注意保护内、外测量爪和深度测量尺。

③游标卡尺校零，如图6-6所示。

④测量长方体工件的长度和宽度，如图6-7所示。

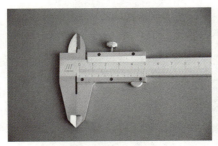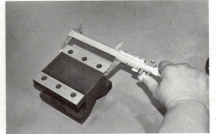

图6-6　游标卡尺校零　　　　图6-7　测量长方体

> **友情提示**
>
> 游标卡尺校零时，查看主尺零刻线和游标上零刻线是否对齐，如果没有对齐应先读出误差值，然后测量的时候再把误差值考虑进去。

⑤测量圆筒工件的内径，如图6-8所示。
⑥测量圆筒工件的外径，如图6-9所示。
⑦测量圆筒工件的深度，如图6-10所示。
⑧清洁、保养游标卡尺，如图6-11所示。

图6-8 测量圆筒工件的内径

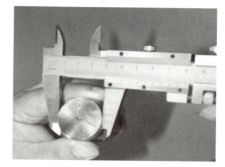

图6-9 测量圆筒工件的外径

图6-10 测量圆筒工件的深度

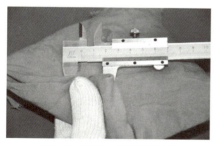

图6-11 清洁、保养游标卡尺

友情提示

测量后，应首先将锁紧螺钉锁紧，然后读数时目光应与游标卡尺尺身垂直，否则会影响读数的正确性。

任务拓展

高度游标卡尺的正确使用

1.使用方法

高度游标卡尺（图6-12）用于测量零件的高度和精密划线。它的结构特点是用质量较大的基座代替固定量爪，而动的尺框则通过横臂装有测量高度和划线用的量爪，量爪的测量面上镶有硬质合金，可以提高量爪使

图6-12 高度游标卡尺

用寿命。高度游标卡尺的测量工作应在平台上进行。当量爪的测量面与基座的底平面位于同一平面时，如在同一平台平面上，主尺与游标的零线相互对准。所以在测量高度时，量爪测量面的高度就是被测量零件的高度尺寸，它的具体数值与游标卡尺一样可在主尺（整数部分）和游标（小数部分）上读出。应用高度游标卡尺划线时，调好划线高度，用紧固螺钉把尺框锁紧后，也应在平台上先调整再进行划线。

2.使用的注意事项

①测量前应擦净工件测量表面和高度游标卡尺的主尺、游标、测量爪，检查测量爪是否磨损。

②测量前调整量爪的测量面与基座的底平面位于同一平面，检查主尺、游标零线是否对齐。

③测量工件高度时，应将量爪轻微摆动，在最大部位读取数值。

④读数时，应使视线正对刻线；用力要均匀，以保证测量准确性。

⑤使用中注意清洁高度游标卡尺测量爪的测量面。

⑥不能用高度游标卡尺测量锻件、铸件表面与运动工件的表面，以免损坏卡尺。

⑦长时间不使用的游标卡尺应擦净上油放入盒中保存。

⑧搬动高度尺时，应该一只手托住底座，一只手扶住尺身，不允许横着提尺身。

3.带表游标卡尺的读数方法

以精密齿条、齿轮的齿距作为已知长度，以带有相应分度的指示表放大、细分和指示测量尺形。常见的最小读数值为0.02 mm。带表游标卡尺能解决普通游标卡尺读数时主尺和游标尺重合刻线不易分辨的问题。读数时，整毫米数在主尺上读取，小数在表上读取。表上每格为0.02 mm（最小读数值为0.02 mm）。

任务检测

一、判断题

1.游标卡尺的最小精度为0.01 mm。　　　　　　　　　　　　　　（　　　）

2.游标卡尺使用前应先校零再清洁，以防止测量不准确。　　　　（　　　）

3.游标卡尺只能测量长度尺寸。　　　　　　　　　　　　　　　　（　　　）

4.在读数时，为了方便可以不拧紧锁紧螺钉。　　　　　　　　　　（　　　）

5.清洁游标卡尺时，内、外测量爪不需要清洁，以防止损坏。　　（　　　）

二、简答题

1.游标卡尺主要由哪些部件组成？

2.用游标卡尺测量的注意事项有哪些？

评价与反思

评价表

序号	项　目	考核内容	配分/分	评分标准	得分
1	7S	被测工件、工作台的清洁	10	少做一项扣2分	
2	技能考核	检查游标卡尺	10	未检查不得分	
		校零	10	未校零不得分	
		对气门弹簧、气缸内径、活塞直径的测量	50	少测量一项扣10分，测量错误一项扣5分	
		清洁、涂油	10	少做一项扣5分	
3	安全	安全操作	10	未按要求操作不得分	
	总　分		100	合　计	

反思

1. 游标卡尺在读数时，怎样才能做到又快又准？

2. 如何保养才能延长游标卡尺的使用寿命？

任务二　使用千分尺

任务描述

千分尺是汽车发动机维修过程中的常用工具，用于测量凸轮轴、曲轴轴颈等，以便判断这些部件是否磨损以及是否需要更换。

任务目标

完成本任务的学习后，你应能：

★ 描述千分尺的分类、构成和作用；

★ 正确使用千分尺对工件进行测量；

★ 对千分尺进行保养。

建议学时：4学时。

相关知识

一、认识千分尺

千分尺又称螺旋测微器，是利用螺纹节距来测量长度的精密量具，其测量精度可以准确到0.01 mm，可以估读到0.001 mm，故常用于测量圆柱形物体的外径、圆筒内径、零部件的厚度等。千分尺一般划分为外径千分尺、内径千分尺和深度千分尺，最常用的是外径千分尺。千分尺的测量范围通常以25 mm为一个测量段，故其按测量范围可分为0～25 mm、25～50 mm、50～75 mm、75～100 mm、100～125 mm等多种类型。

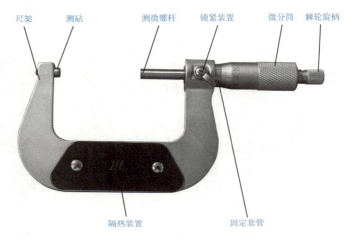

图6-13　外径千分尺

• 功用：外径千分尺常简称千分尺，是比游标卡尺更精密的长度测量仪器。

• 结构：外径千分尺由固定的尺架、测砧、测微螺杆、固定套管、微分筒、锁紧装置等组成，如图6-13所示。固定套管上有一条水平线，这条线上、下各有一列间距为1 mm的刻度线，上面的刻度线恰好在下面二相邻刻度线中间。微分筒上的刻度线是将圆周分为50等分的水平线，它是旋转运动的。

• 使用方法：

①使用前检查测砧、测微螺杆两测量面及被测工件表面是否洁净，被测工件表面是否有毛刺，如有，应先消除。

②检查各部件的相互作用：

松开锁紧装置，向右或向左旋转测力装置，应能顺利转动。

拧紧锁紧装置，向右旋转测力装置，旋转到棘轮发出"咔咔"响声为止。

③用标准样块（校块），使外经千分尺零位相对齐，如零位有不超过±0.002 mm（2μm）偏差，该千分尺被视为合格千分尺，无需校正；如超出则需校正。

> **友情提示**
>
> 校正工作由专业计量人员（计量室人员）处理，应使用产品盒中配套的扳手调整，将单爪端插入固定套筒的小孔内，转动固定套筒，即可调零。如零位偏差较大，使用扳手双爪端旋松测力装置，持小锤轻敲微分筒尾段，使其与测微螺杆脱开，转动微分筒对零后旋紧测力装置。

• 读数方法：读数时，先以微分筒的端面为准线，读出固定套管下刻度线的分度值（只读出以毫米为单位的整数）；再以固定套管上的水平横线作为读数准线，读出可动刻度上的分度值。

读取外径千分尺的数值可分为以下3个步骤：

①在固定套筒上读出其与微分筒边缘最近的刻度线，一定要注意不能遗漏应读出的0.5 mm刻线值。

②读出微分筒上的尺寸，要看清微分筒圆周上哪一格与固定套筒的中线基准对齐，将格数乘0.01 mm即得微分筒上的尺寸（注意应估读到千分位，即0.001 mm）。

图6-14　外径千分尺的刻度值

③将上面两个数相加，即为千分尺上测得的尺寸。

例：读出图6-14所示的刻度值。

解：①读出固定套筒上的刻度值：54 mm。

　　②读出微分筒上的刻度值：33.5×0.01 mm=0.335 mm。

　　③固定套筒上的刻度值与微分筒上的刻度值相加，即54 mm+0.335 mm=54.335 mm。

• 使用注意事项：

①使用前应对测量端及被测工件表面进行清洁，以免造成测量误差。

②测量前应对千分尺进行校零。

③有些千分尺为了防止手温使尺架膨胀引起微小的误差，在尺架上装有隔热装置。实验时应手握隔热装置，而尽量少接触尺架的金属部分。

④不能用于测量毛坯件或未加工表面。

⑤测量过程中不能用力过大，特别是棘轮。

⑥不能将千分尺当锤子去击打其他物品。

⑦使用过程中应轻拿轻放，避免碰撞。

• 日常保养：

①不允许用砂纸或其他硬的金属刀具去污或除锈。

②不允许与其他工具混放在一起。

③用完后不能乱扔，应清洁后放入盒内。

④如长时间不使用，应对千分尺涂上保护油，且两个测量面能相互接触，应保存在干燥、无酸和无磁性的地方。

⑤千分尺使用中应注意定期检查，检查周期一般视使用频率而定。

任务实施

用外径千分尺测量凸轮轴

使用千分尺

1.操作准备

准备外径千分尺、V形槽、凸轮轴、清洁布、润滑油、测量平台等工具和设备。

2.操作过程

①检查千分尺上的微分筒、棘轮、锁紧螺钉是否完好，如图6-15所示。

②清洁千分尺和凸轮轴，如图6-16和图6-17所示。

图6-15　检查千分尺

> **友情提示**
>
> 检查一定要仔细，避免无法完成测量任务。

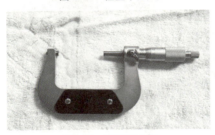

图6-16　清洁千分尺

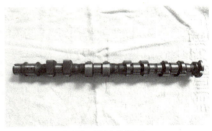

图6-17　清洁凸轮轴

　　③外径千分尺的校零：将标准校量棒夹正在两砧端，再慢慢扭动棘轮，当听见2~3次"咔咔"声后，检查微分筒上的零刻线是否和主尺上的刻线对齐，如图6-18所示。

> **友情提示**
>
> 清洁要彻底，特别是要清除测量面上的油污、灰尘，以免引起较大的测量误差。

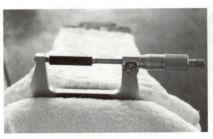

图6-18　外径千分尺校零

> **友情提示**
>
> 在校正过程中，标准校量棒应放平，用台虎钳固定千分尺时一定要用毛巾等物体将其包裹，以免造成千分尺损坏。

④千分尺的调整。应使用配套的调整扳手调校，用力不宜过大，如图6-19所示。

图6-19　调整千分尺

⑤测量凸轮轴顶点直径。凸轮轴应先固定好，测量时先转动微分筒，当两砧端靠近被测面时扭动棘轮，当听见2～3次"咔咔"声后停止扭动，然后锁死，如图6-20所示。

> **友情提示**
>
> 如果在校正时没有误差，此步骤可省略。

图6-20　测量凸较轴顶点直径

> **友情提示**
>
> 测量前，应正确预估测量范围并选择合适范围的千分尺；测量过程中，手应拿千分尺的隔热装置处。

⑥正确读数并记录，如图6-21所示。

⑦清洁、保养千分尺后，放入盒内保存，如图6-22所示。

> **友情提示**
>
> 读数时，视线应与千分尺垂直，避免读数不准。

图6-21　正确读数　　　　　　　图6-22　保存千分尺

任务拓展

内径千分尺的正确使用

●结构：内径千分尺主要由固定测头、固定套筒、紧固装置、微分筒、调节螺母、测微螺杆等组成。示值范围一般有13 mm、25 mm、50 mm，测量下限有50 mm、75 mm、100 mm、150 mm等，分度值为0.01 mm。

●使用方法：测量前要校正。测量时，先将内径千分尺调整到比孔径略小一些，再把内径千分尺放入被测孔里，左手握住固定套管或接长杆套管，把固定测头轻轻地压到被测孔壁上不动。然后用右手慢慢转动微分筒，让活动测头在被测孔壁上的轴向和圆周方向摆动，直到在轴向找到最小值和在径向找到最大值为止，即得到正确的结果。长孔应在不同轴向截面上进行测量。

●使用注意事项：

①接长杆从长到短顺序排列，使用数量越少越好，以便减少积累误差。

②被测面的曲率半径不宜过小。

③防止温度的影响，温度过高或过低都能引起被测件变形。

④测量时，避免用力把内径千分尺压进孔内，防止测量面磨损或使接长杆变形。

⑤大型内径千分尺使用后应平放或垂直吊挂，以防止变形。

任务检测

一、填空题

1.一般情况下，千分尺可以分为_____、_____和_____。

2.在使用千分尺时，手应握住千分尺的_____。

3.千分尺在读数时能够精确到_____。

4.千分尺的量程为_____。

5.千分尺在使用之前应_____。

二、简答题

1.千分尺使用时应注意哪些内容？

2.简述保养千分尺的注意事项。

评价与反思

评价表

序号	项　目	考核内容	配分/分	评分标准	得分
1	7S	被测工件、工作台的清洁	10	少做一项扣2分	
2	技能考核	检查量具	10	未检查不得分	
		校零	10	未校零不得分	

续表

序号	项　目	考核内容	配分/分	评分标准	得分
2	技能考核	量具的正确选择	10	选择错误不得分	
		工件的测量及读数	20	少测量一项扣10分，测量错误一项扣5分	
		实训报告的填写	20	填写错一项扣5分	
		清洁、除油	10	少做一项扣5分	
3	安全	安全操作	10	未按要求操作不得分	
总　分			100	合　计	

反思

1.有哪些方法可以使千分尺的测量结果更加准确？

2.千分尺在测量过程中应怎样保护？

任务三　使用百分表

任务描述

　　百分表由于其精度较高，且与磁性表座结合，对于测量圆跳动等十分方便。在汽车维修过程中，曲轴、制动盘、气缸等都需要测量圆跳动从而判断磨损情况和进行修复，故使用磁性表座、百分表、量缸表进行检测是维修人员的基本技能。

任务目标

完成本任务的学习后，你应能：

★ 描述百分表的构成和工作原理；

★ 装卸量缸表和磁性表；

★ 正确使用百分表配合量缸表或磁性表座进行测量；

★ 对百分表进行维护保养；

建议学时：4学时。

相关知识

一、认识百分表

　　• 功用：百分表是利用机械结构将被测工件的尺寸数值通过读数装置表示出来的一种

测量工具，主要用于长度的相对测量以及表面形位误差的测量。它具有体积小、结构简单、使用方便和价格便宜等优点，但回程误差较大。

图6-23 百分表

• 特点：百分表一般不单独使用，通常与磁性表座或量缸表配合使用，如测量轴、飞轮等的跳动量。其测量范围一般有0~3 mm、0~5 mm、0~10 mm等。

• 工作原理：百分表（图6-23）的结构型式多种多样，但其工作原理相同，都是利用齿轮、齿条、杠杆或扭簧等的传动，把测量杆的微小直线移动转化为指针的转动，从而使指针在表盘上指示出相应的数值。

二、百分表的使用方法

• 使用方法：百分表在使用时，可装在表架上。表架放在平板上或某一平整位置上。测量头与被测表面接触时，测量杆应有一定的预压量，一般为0.3~1 mm，使其保持一定初始测量力，以提高示值的稳定性。同时，应把指针调整到表盘的零位。测量平面时，测量杆要与被测表面垂直。测量圆柱工件时，测量杆的轴线应与工件直径方向一致并垂直于工件的轴线。百分表不能用于测量毛坯。

> **友情提示**
>
> 百分表的分度值为0.01 mm，表面刻度盘上共有100等分格。按百分表的齿轮传动机构的传动原理，量杆移动1 mm时，指针回转一圈。当指针偏转1格时，量杆移动的距离为0.01 mm。当测量杆移动距离超过1 mm时，毫米指针将移动，测量杆移动的毫米量由短指针表示，通过长短指针的读数，就可得知被测尺寸。

• 读数方法：先读短指针与起始位置"0"之间的整数，再读取长指针在表盘上所指的小数部分，两个数值相加就是被测尺寸。

三、百分表的维护保养

①拉压测量杆的次数不宜过频，距离不宜过长，测量杆的行程不要超出它的测量范围。

②使用百分表测量工件时，不能使触头突然落在工件的表面上。

③不能用手握测量杆，也不能把百分表同其他工具混放在一起。

④使用表座时，要放稳安牢。

⑤严防水、油液、灰尘等进入表内。

⑥使用后，擦净、擦干放入盒内，使测量杆处于非工作状态，避免表内弹簧失效。

任务实施

练习使用量缸表

1.操作准备

准备量缸表、气缸体、抹布、游标卡尺、百分表、台虎钳等工具。

2.操作过程

①检查量具是否完好，气缸是否有划痕或变形等，如图6-24和图6-25所示。

友情提示

如果气缸有严重的划痕或其他损伤，应更换气缸套。

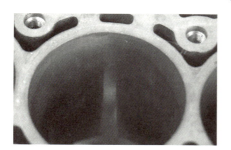

图6-24　检查气缸

图6-25　检查量具

②使用游标卡尺测量气缸的直径，如图6-26所示。

③用千分尺设定气缸的标准直径，如图6-27所示。

友情提示

游标卡尺使用前应校正，测量时游标卡尺应左右移动，找到气缸的最大直径。

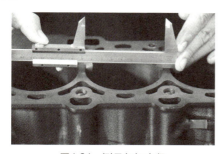

图6-26　测量气缸直径

图6-27　设定气缸的标准直径

④组装量缸表。选择适合的量杆，量杆的长度比气缸直径大0.5～1 mm；安装百分表时应预压0.5～1 mm，并检查转动是否灵敏，如图6-28所示。

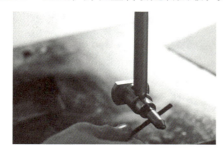

图6-28　组装量缸表

⑤校正量缸表，如图6-29所示。

图6-29　校正量缸表

⑥测量气缸。测量时应将量缸表的导向轮一端先进入气缸内，对气缸的上、中、下位置的横向、纵向进行测量，应左右摆动量缸表，取最小值，如图6-30所示。

友情提示

组装时量杆必须拧紧，表盘方向应与接杆方向平行或垂直。

在校正过程中，一定要注意压缩余量的大小，一般选择1 mm左右。

图6-30　测量气缸

⑦读数并记录，如图6-31所示。

⑧拆卸并清洁量缸表。将量缸表各部分依次拆下后清洁，然后分别装入相应的盒子内，如图6-32所示。

友情提示

测量位置一定要找准确；测量时应注意摇摆量缸表，以便找到最大值。

读数时应注意视线一定要平视百分表。

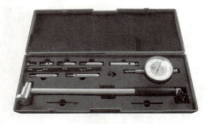

图6-31　读数　　　　　　图6-32　拆缸量缸表并装入盒内

任务拓展

测量曲轴跳动量

1.操作准备

准备百分表、磁性表座、V形块、抹布、曲轴、划线平台等工具。

2.操作过程

①清洁并检查磁性表座、百分表是否完好，如图6-33和图6-34所示。

> **友情提示**
>
> 清洁时毛巾必须干净，百分表要轻拿轻放。

图6-33　检查磁性表座

图6-34　检查百分表

②组装磁性表座百分表。安装时应注意垫片不能装漏，百分表装夹位置应正确，如图6-35所示。

> **友情提示**
>
> 磁性表座上有开关，使用后应及时关闭。

图6-35　组装磁性表座百分表

③安装磁性表座。将磁性表座百分表的测量头安装在被测表面，一般预压1 mm后，转动表盘归零，如图6-36和图6-37所示。

> **友情提示**
>
> 安装磁性表座时，应将安装位置清洁，避免安装后掉落。

图6-36　安装磁性表座

图6-37　表盘归零

④测量曲轴的圆跳动。测量前需将曲轴固定，测量时慢慢转动曲轴，观察指针情况。找到指针指示的最大值和最小值，两个读数相减即为该轴的圆跳动量，如图6-38所示。

⑤拆卸并清洁磁性表座百分表，如图6-39所示。

图6-38 侧量曲轴的圆跳动

图6-39 拆卸并清洁磁性表座百分表

> **友情提示**
>
> 读数时视线应与百分表平行，应与放曲轴的V形块一致。

任务检测

一、填空题

1.测量头与被测表面接触时，测量杆应有一定的预压量，一般为_____。

2.百分表的精度为_____。

3.百分表内有长、短两颗指针，在读数时，应先读取_____，再读取_____。

4.用量缸表测量气缸时，选择测量杆时一般要比气缸直径大_____。

5.测量气缸时应将量缸表的_____一端先进入气缸内。

二、简答题

1.简述量缸表校正的方法。

2.百分表一般与哪些工具配合使用？

3.使用量缸表测量气缸时，一般应测量哪些位置？

评价与反思

评价表

序号	项　目	考核内容	配分/分	评分标准	得分
1	7S	被测工件、工作台的清洁	10	少做一项扣2分	
2	技能考核	检查量具	10	未检查不得分	
		校零	10	未校零不得分	
		量具的正确选择	10	选择错误不得分	
		工件的测量及读数	20	少测量一项扣10分，测量错误一项扣5分	
		实训报告的填写	20	填写错一项扣5分	
		清洁、除油	10	少做一项扣5分	
3	安全	安全操作	10	未按要求操作不得分	
	总　分		100	合　计	

反思

1.百分表在使用过程中的注意事项有哪些?

2.测量气缸时怎样才能更准确?

任务四　使用其他测量工具

任务描述

在汽车维修过程中，除了会用到游标卡尺、千分尺、量缸表以外，还要在测量气缸平面时用到塞尺、刀口尺，在钣金操作中用到角度尺等。

任务目标

完成本任务的学习后，你应能：

★ 描述塞尺、刀口尺、角度尺的构成；

★ 正确使用塞尺、刀口尺、角度尺进行测量；

★ 对塞尺、刀口尺、角度尺进行维护保养。

建议学时：4学时。

相关知识

一、塞尺

• 功用：塞尺又称为厚薄规或间隙规，主要用来测量机床紧固面和紧固面、活塞和气缸、活塞环槽和活塞环、十字头滑板和导板、进排气阀顶端和摇臂、齿轮啮合面等两个结合面之间的间隙大小。

• 结构：塞尺由许多层厚薄不一的薄钢片组成。按照组别制成多把塞尺，每把塞尺中的每片具有两个平行的测量平面，且都有厚度标记，以供组合使用。

• 使用方法：

①先将要测量工件的表面清理干净，不能有油污或其他杂质，必要时用油石清理。

②形成间隙的两个工件必须相对固定，以避免因松动导致间隙变化而影响测量效果。

③根据目测的间隙大小选择适当规格的塞尺逐个塞入。

④当间隙较大或希望测量出更小的尺寸范围时，单片塞尺已无法满足测量要求，可以使用数片叠加在一起插入间隙中一般控制在3～4片内，超过3片，通常就要加修正值。根据经验，每增加一片加0.01 mm修正值。

• 使用注意事项：

①不允许在测量过程中剧烈弯折塞尺，或用较大的力硬将塞尺插入被检测间隙，否则将损坏塞尺的测量表面或零件表面的精度。

②使用完后，应将塞尺擦拭干净，并涂上机油，然后将塞尺折回夹框内，禁止将塞尺放在重物下，以防锈蚀、弯曲、变形而损坏。

③使用塞尺时不能戴手套，并保持手的干净、干燥。

二、刀口尺

• 功用：刀口尺主要用于以光隙法进行直线度测量和平面度测量，也可与量块一起，用于检验平面度。它具有结构简单、操作方便、测量效率高等优点。在汽车维修中，刀口尺通常和塞尺配合使用来测量平面的平面度。

• 类型：刀口尺按其精度等级可分为0级和1级；按其尺寸规格可分为75 mm、125 mm、175 mm、200 mm、225 mm、300 mm等。

• 使用方法：

①将刀口尺垂直紧靠在工件表面，并在纵向、横向和对角线方向逐次检查。

②检验时，如果刀口尺与工件平面透光微弱而均匀，则该工件平面度合格，如果进光强弱不一，则说明该工件平面凹凸不平，可在刀口尺与工件紧靠处用塞尺插入，根据塞尺的厚度即可确定平面度的误差。

• 使用注意事项：

①使用前后应保持清洁，保存时还要涂油防锈。

②使用时要轻拿轻放，不要碰撞到其他物体，否则影响测量精度。

任务实施

使用塞尺、刀口尺测量气缸体

1.操作准备

准备塞尺、刀口尺、抹布、气缸体等工具。

2.操作过程

①清洁并检查塞尺、刀口尺是否损坏，如图6-40所示。

友情提示

如果发现量具有损坏应及时更换。

图6-40 清洁并检查塞尺、刀口尺

②测量气缸体平面度。用塞尺和刀口尺配合进行测量，测量时应注意要交换不同方向进行测量，如图6-41所示。

图6-41 测量气缸体平面度

友情提示

测量时用力要均匀，刀口尺要轻拿轻放，避免碰撞。

所得数据是以测量的最大值为准。

③读取并记录数据，如图6-42所示。

④清洁、除油后，将塞尺和刀口尺装入盒内，如图6-43所示。

图6-42 读数　　　　　　图6-43 保养塞尺和刀口尺

任务检测

简答题

1. 使用塞尺的注意事项有哪些?

2. 简述塞尺的正确读数方法。

评价与反思

评价表

序号	项 目	考核内容	配分/分	评分标准	得分
1	7S	被测工件、工作台的清洁	10	少做一项扣2分	
2	技能考核	检查量具	10	未检查不得分	
		工件的测量及读数	40	少测量一个扣10分,测量错误一项扣5分	
		实训报告的填写	20	填写错一项扣5分	
		清洁、除油	10	少做一项扣5分	
3	安全	安全操作	10	未按要求操作不得分	
总 分			100	合 计	

反思

1. 在使用塞尺和刀口尺测量气缸平面时,怎样操作可以既安全又快捷?

2. 如何保护测量工具?

项目七　综合训练

　　在前面的项目中已经对汽车维修中所需要的设备、量具、工具等基础知识进行了学习，本项目就是要将前面所学的内容综合运用到维修实践中。汽车机械部件的拆装和检测是在汽车维修过程中经常需要做的工作，本项目也是对前面所学内容的一次考核。

任务一　拆装与检测汽车机械部件

任务描述

　　汽车是由许多零部件组成的。每个零部件正常工作，整个系统才能正常工作。如果某个零部件出现了变形、磨损或者老化等损伤，会导致整个系统不能正常工作，甚至完全丧失工作能力。因此，拆装→清洁→检测→调整或者更换零件→装配，就是汽车维修人员在遇到问题时最主要的应对方式。所以，我们必须熟练掌握正确的拆装方法和检测方法。

任务目标

完成本任务的学习后，你应能：

★ 记住汽车机械部件的拆装与检测的方法和内容；

★ 正确使用各种工具、量具对零部件进行检测；

★ 养成爱护工具、用具的"6S"操作规范。

建议学时：24学时。

相关知识

　　汽车维修其实就是根据故障对某一零部件或者总成进行正确的拆卸→清洁→检测→调整或者更换→装配，恢复其原来的技术要求，从而使得零部件和整个系统能够正常工作。

一、拆卸和装配

　　1.拆装注意事项

　　①拆装零件一定要考虑零部件之间的结构关系和工作原理。如果不考虑，有可能拆错，甚至对零件造成更大的损坏。所以，不能盲目的乱拆，要考虑零部件之间的形状、位置、尺寸关系，以及连接、运动关系等层次逻辑关系。而且拆卸的时候更要记录顺序，做好标记。

　　②必须参考维修技术文件——维修手册，按照正确的操作规范和技术标准进行。

　　③必须从实际出发，根据需要合理、正确地拆装。汽车跟人一样，做过手术，都无法完全恢复曾经的身体状况。汽车零部件拆装以后就会产生变形或者损伤，当然装复后也无法恢复以前的配合关系和性能。所以，能不拆的部件尽量别拆，拆之前要经过检查和判断，有必要拆卸的才拆。

> ── 友情提示 ──
> 汽车还是出厂原装时最好。

　　2.拆装要求

　　①使用正确的工具、设备、仪器以及专用工具，按照规范的操作方法，使拆装造成的损伤降到最低，以提高装复后的零部件的精度和可靠性。

②要按照正确的工艺流程进行拆装。根据其结构、原理和配合关系，参考维修手册。一般是按从外到内的顺序进行拆卸，装配的顺序与拆卸的顺序相反。

③拆卸的目的是为了装复，所以在拆卸的时候就该为装复做好准备，做好必要的标记和记录。现在最常见的方法是用手机或者单反相机进行拍照。把拆下来的零部件按照横平竖直的顺序整齐的摆放好，拆解顺序自然一目了然。在装复的时候，后拆的先装，先拆的后装，按照摆放的逆序装回去。对于很多形状大致一样的零件，如大瓦、小瓦，不能互换，必须按照原来的顺序安装。拆卸下来以后，一定要分组摆放好。

④特殊的零部件要专门摆放，容易损坏的工作面或者接触面更要小心单独存放，如加塑料垫、木条垫存放。

⑤必须按照维修手册上的要求，对每一颗螺栓按照标准的扭矩值进行预紧。

⑥安装前应按照要求对工件彻底清洁，该润滑的地方要打机油进行润滑。

二、清洁

1.清洁的作用

①清除污物后便于检查和测量零件。

②对有配合的工作面去除污物后，在装配的过程中也能够避免异物进入，提高装配质量和零部件的工作环境。

③去除污物后的零部件才能够更好地工作，达到最好的性能。

> **友情提示**
>
> 必须对零件有配合的工作面、接触面进行清洁，使油、气、水道或者螺栓孔等处保持清洁、无污物、畅通。对于不重要的部位和没有配合的部位可以不清洁。

2.清洁的方法

● 物理清洁：如积碳的清除，可采用刮刀刮，然后用刷子、砂纸等清除干净。

● 化学清洁：使用清洁液清洁，通常采用煤油、无铅汽油、柴油等配合毛刷子进行清洁，然后用压缩空气吹干。

> **友情提示**
>
> 橡胶零部件不可用煤油、汽油清洗，否则会造成老化现象。油封等密封圈只能用专用的清洗液或酒精清洗，制动蹄片只能用专用清洗液清洗。
>
> 使用溶液清洗零件时，应带上防护手套，并且注意安全，正确放置和处理清洗液。

● 高压空气清洁：高压、干净的空气可以吹干净零件表面的灰尘、水分或者油，而且速度快，在操作时要注意安全。

> **友情提示**
>
> 压缩空气吹枪口应该朝下，不能对着人吹，特别是朝向人的耳朵和眼睛，避免使得灰尘、水、油飞扬从而对环境和人造成伤害，所以要求操作时要带上防护眼镜和防尘口罩。

三、检查、调整

检测与调整的目的是为了判断零件是否损坏、是否符合配合关系和技术要求、是否可以修复或者需要更换，一般是在维修手册的指导下进行。零部件的检测和调整主要包括目测检查、尺寸的测量、配合间隙的测量、齿轮啮合间隙的测量与调整、施加预紧力、裂纹的检测、装配后的验证检查等。

1.目测检查

目测检查顾名思义就是通过眼睛去看，检查前必须清洁好零部件，主要内容包括：

• 零件的外观形状是否发生变化，如发生变形、产生裂纹等；

• 零部件是否有松动；

• 零部件磨损情况检查；

• 污损程度的检查；

• 零部件材料颜色的检查。

2.尺寸测量

汽车上每个零件都必须保证正确的尺寸才能够正常工作。但是由于零部件磨损、变形导致其尺寸发生变化，就有可能使得系统无法正常工作。所以产生故障现象时，就应该对故障零部件的尺寸进行测量，按维修手册上规定的参数来判断是维修还是换修或者调整。如图7-1所示，如长安JL466Q5发动机整流子外径规定值（最小值）为27 mm，如果测得外径低于这个数则磨损超限，零件报废。尺寸测量主要包括以下几个方面：

• 高度、厚度、长度的测量：一般采用游标卡尺和千分尺进行测量。测量位置一般在磨损最严重的地方，取多个地方的最小值。

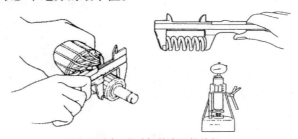

图7-1　测量发动机整流子的外径

• 内外径的测量：一般通过测量外径来判断轴类零件的磨损情况，测量内径来判断孔类零件的磨损情况。可以用游标卡尺、内径千分尺、外径千分尺进行测量。如果是测量气缸直径还需要用到量缸表如图7-2所示。

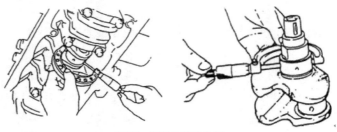

图7-2　测量内径和外径

●圆跳动的测量：发动机是高速运转的机器，精度要求很高，所以对于它的轴类、盘类零件需要检测圆跳动。一般多采用磁性表座百分表进行测量，如图7-3所示。

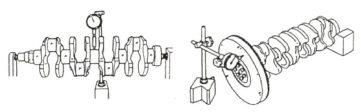

图7-3　测量圆跳动

●平面度的检测：发动机的气缸盖和缸体是两个独立的部件，它们之间是依靠汽缸垫和缸盖螺栓的压紧力来实现密封的。如果缸体的上表面和气缸盖的下表面存在平面翘曲变形，就会导致密封不良，所以通常采用刀口尺与塞尺配合使用，对工件表面的横、竖、对角线6个位置检测平面度，以最大值为准，如图7-4所示。

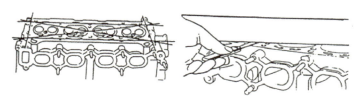

图7-4　检测平面度

3.配合间隙的测量

间隙是一种配合形式，要想保证两个零部件能够相对运动就必然要有间隙。只有留有间隙才能保证润滑油能够进入到零部件之间进行润滑，防止卡死。但是间隙并不是越大越好或者越小越好。各个零部件之间的间隙都是有标准的，要参考维修手册上面的数据，符合技术要求。间隙一般分为轴向和径向两个方向上的间隙。

气门间隙、轴瓦间隙（油膜间隙）、轴向止推间隙用磁性表座百分表、塞尺、塑料间隙规等进行直接测量。

有的间隙不适合直接测量，只能间接进行测量，然后通过计算得出，如轴孔配合的间隙和活塞环侧间隙等。

轴孔配合的间隙 = 孔的内径 – 轴的外径。

活塞环侧间隙 = 环槽间隙 – 活塞环厚度。

> **友情提示**
>
> 间隙过大，噪声增大，震动增大；间隙过小，容易卡死，磨损加剧。

4.齿轮啮合间隙的测量与调整

为了保证齿轮在转动的过程中能够正常的润滑和运动，防止卡死，产生噪声、震动，必须有啮合间隙。通常采用塞尺对齿轮啮合间隙进行测量。

当齿轮啮合间隙需要调整时，可以根据齿轮的磨损程度和位置关系，采用垫片调整和螺母调整的方法进行调整。

5.施加预紧力

为了保证汽车零部件结构的稳定，能够正常工作，我们要按照维修手册上要求的扭力采用扭力扳手对所有的紧固零件进行预紧。

6.裂纹的检测

有时靠肉眼是看不出裂纹的，可以采用染色法进行检测。具体操作方法如下：

首先清洁需要检测的零部件，喷涂干燥渗透剂，用洗涤液清除表面的渗透剂，最后喷洒显影剂，如果显示颜色则说明有裂纹。

7.装配后的验证检测

装配完成后要检查安装是否正确，机件是否能够正常工作，故障是否完全排除。有的部件、总成还要进行一定时间的观察、磨合、路试等检查。

> **友情提示**
>
> 根据维修手册判断测量结果，对于不能再使用的部件一定要更换。
>
> 按原样装复。

任务实施

拆装活塞连杆组

1.操作准备

● 准备一台长安JL465Q发动机及其翻转架、工作台。

● 准备成套工具（150件套）、扭力扳手、活塞环收紧器、橡胶锤、8~10 mm丁字杆、曲轴专用固定工具、塑料塞规、汽油、毛刷、刮刀、吸铁棒、维修手册、工单、抹布、油盆、汽油、机油枪、吹枪等。

2.操作过程

（1）拆卸活塞连杆组（图7-5）

①拆卸活塞连杆组之前要拆掉气缸盖总成、油底壳、集滤器等。观察活塞顶部正时标记，箭头方向指向正时。用记号笔或者字錾在活塞的顶部标注1、2、3、4缸，观察连杆盖正时标记，标记指向正时。

拆卸活塞连杆组

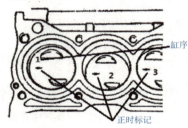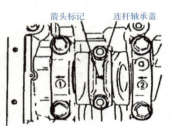

图7-5 拆卸活塞连杆组

②先拆2、3缸，选择12 mm套筒+中号短接杆+大专中接头+扭力扳手拧松连杆盖螺母各1次，2、3缸连杆盖共4颗螺母。用扭力扳手拧松以后，再用快速棘轮扳手+中号短接杆+12 mm套筒分2~3次将连杆盖螺母拧下，并按顺序整齐地摆放在工作台上。

> **友情提示**
>
> 螺母快要拧下来的时候要用手去拧，防止螺母掉落到油道和水道里面卡住。如果不慎掉落进去，要用专用工具（吸铁棒）吸出来。在连杆螺栓螺纹上安装导向软管，这是为了防止在拆下连杆时，损伤连杆轴颈和连杆螺栓螺纹，也可用缠绝缘胶布的方法代替。

③将丁字杆外面缠上胶布，一只手拿丁字杆将活塞连杆捅出，另一只手在气缸口接住活塞，注意不要伤到汽缸壁。取下2、3缸活塞连杆组，并将其按照1、2、3、4的缸序整齐摆放好，再将刚才取下的螺母拧到各自的连杆螺栓上面，防止错位。

④将曲轴传动带轮螺母拧在曲轴自由端螺孔中，用扭力扳手+17 mm大方孔套筒旋转曲轴180°（可用曲轴正时齿轮+专用固定工具旋转曲轴）。用相同的方法取下1、4缸活塞连杆，并按顺序整齐摆放好。

（2）清洁零件

①先用刮刀等将活塞顶部的积碳和连杆瓦盖、连杆上的污物清除，再把零件放在油盆里面用汽油配合毛刷进行清洗。

②清洗后用压缩空气吹干。

（3）检测零件

对清洗干净的零件进行测量，判断是否合格。若有不合格的零部件要进行修配或者更换。

（4）安装活塞连杆组

①先装1、4缸，将曲轴的1、4缸曲柄销旋转至下止点。

②翻转发动机，使气缸体水平正向（油底壳在下）。

③用机油润滑汽缸壁、连杆轴颈、活塞销、活塞环、活塞裙部、小瓦。

④调整活塞环开口朝向。

⑤用专用工具（活塞环收紧器）收紧活塞环，并用橡胶锤柄部将活塞轻敲进气缸，推送至底部。用相同的方法装另外一个缸。

⑥润滑、安装连杆盖、连杆螺母，拧紧。旋转发动机曲轴，使2、3缸位于下止点。

⑦用与安装1、4缸相同的方法，安装2、3缸。

⑧预紧，并验证安装是否合格。

按照维修手册上的预紧力标准，对连杆螺母进行预紧，扭力：33～37 N·m。预紧完成后，旋转曲轴两周验证曲轴、活塞是否有卡死、阻力很大、松动明显的现象。若有就返工，检测油膜间隙，若无就完成了活塞连杆组的安装。

⑨清理工作台，清洁复位工具、用具。

⑩完成实训报告册。

装配活塞
连杆组

> **友情提示**
>
> 缸序不能搞错，1缸的活塞只能装进1缸的缸筒，4缸的活塞只能装4缸的缸筒，不能互换。

任务检测

一、填空题

1.清洁零件时，一般采用_____作为清洗溶剂。

2.测量活塞直径一般采用_____作量具。

3.轴类零件的径向圆跳动、端面圆跳动多用_____进行测量。

4.零件之间的配合有_____、_____和_____3种。其中需要有相对运动的零件间采用_____配合，所以在安装发动机的时候，我们不仅要把发动机装好，而且有的地方还要保证必要的间隙。

二、判断题

1.拆装发动机不需要参考维修手册。　　　　　　　　　　　　　　　　　　（　　）

2.维修发动机的第一步是拆卸发动机。　　　　　　　　　　　　　　　　　（　　）

3.发动机每拆一次就会有一定的损伤，我们按照工艺流程正确操作的目的就是为了把对发动机的伤害降到最低并且恢复发动机的性能。　　　　　　　　　　　　（　　）

4.对于不能再使用的零部件，我们一般采取更换的方法，如汽缸垫、油封、垫片等。
　　　　　　　　　　　　　　　　　　　　　　　　　　　　　　　　　　（　　）

5.检测出一个零件存在问题，发生异常情况，应该再检查与之相关、相配合的零部件。　　　　　　　　　　　　　　　　　　　　　　　　　　　　　　　　　（　　）

三、简答题

为了把发动机按原样装回，可以采用哪些方法进行记录和作记号？

评价与反思

评价表

序号	项　目	考核内容	配分/分	评分标准	得分
1	7S	准备工具，清洁工作台	10	少做一项扣5分	
2	技能考核	拆卸连杆盖螺母	10	未按要求拆卸一次扣2分，工具选用错误扣5分	
		拆卸活塞	15	活塞掉落扣5分，未按要求摆放一次扣2分	
		清洁、检测活塞、活塞环	15	少检测一项扣5分，检测错误一项扣2分	
		安装活塞环、活塞	30	安装顺序错误一次扣5分	
		实训报告册的填写	10	填写错误一处扣2分	
3	安全	安全操作	10	未按要求操作不得分	
	总　分		100	合　计	

反思

1.怎样才能快速将活塞上的积碳等杂质清洁干净？

2.如何能快速、正确地拆装活塞及活塞环？

任务二　拆装发动机曲轴飞轮组

任务描述

　　科鲁兹作为雪佛兰旗下的一款经典车型，在市场上有一定的保有量，本任务选择对科鲁兹发动机曲轴飞轮组进行拆装练习，以此来掌握汽车机械部分的拆装及其检测。

任务目标

完成本任务的学习后，你应能：

★ 描述科鲁兹发动机曲轴飞轮组的工作原理；

★ 记住科鲁兹机械部分的拆装方法；

★ 对发动机曲轴飞轮组进行拆装。

建议学时：16学时。

任务实施

　　1.操作准备

　　•准备一台科鲁兹LDE发动机及其翻转架、工作台。

　　•准备成套工具（150件套）、扭力扳手、橡胶锤、汽油、毛刷、刮刀、吸铁棒、维修手册、工单、抹布、油盆、汽油、机油枪、吹枪等。

　　2.操作过程

　　①拆卸活塞连杆组之前要拆掉气缸盖总成、油底壳、集滤器、活塞连杆组等。

　　②在飞轮上做好标记，如图7-6所示。

　　③将曲轴固定，拆卸飞轮，如图7-7所示。

图7-6　在飞轮上作标记

图7-7　拆卸飞轮

④拆卸前、后端盖，如图7-8所示。

⑤观察主轴轴承盖标记方向和序号，做好记录后拆曲轴轴承盖，做好标记并按顺序摆放整齐，如图7-9所示。

图7-8　拆卸前、后端盖

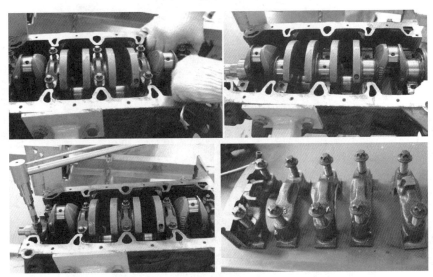

图7-9　拆卸曲轴轴承盖

⑥取出曲轴，如图7-10所示。

⑦取下曲轴轴承（大瓦），如图7-11所示。

⑧清洁发动机零部件。用汽油清洗后晾干，最后用吹枪吹干，如图7-12所示。注意清洁时毛刷易掉毛，一定要将所有的杂质都吹干净，有密封胶的端面还要用刮刀刮掉，如图7-13所示。

图7-10　取出曲轴

图7-11　取下曲轴轴承

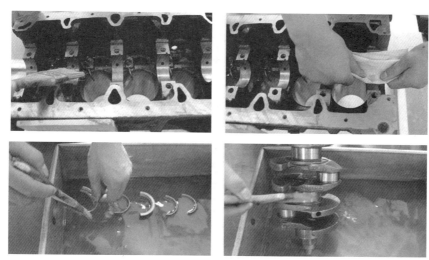

图7-12　清洁发动机零部件

⑨安装曲轴轴承（大瓦）。清洁完气缸体和大瓦后，将大瓦按照之前的顺序和位置，安装在缸体的轴承座孔上，如图7-14所示。用机油润滑，涂抹均匀。

⑩润滑曲轴后，安装曲轴，如图7-15所示。

⑪润滑后安装曲轴轴承盖。分多次拧紧，从中间往两边依次拧紧，如图7-16所示。

图7-13　刮掉密封胶

图7-14　安装曲轴轴承

图7-15　安装曲轴

图7-16　安装曲轴轴承盖

曲轴轴承盖螺栓拧紧力矩：第一遍50 N·m；第二遍50 N·m, 45°；最后一遍50 N·m, 15°。

⑫旋转曲轴验证。旋转曲轴两圈，看是否有卡死或阻力很大的现象。

⑬安装前、后端盖。前端盖涂上密封胶胀紧安装；后端盖用密封垫片，涂密封胶加螺栓拧紧，如图7-17所示。拧紧力矩为20 N·m。

图7-17 安装前后端盖

⑭安装飞轮。按照之前做的标记，原样装回。注意装平，端面圆跳动不要超差，如图7-18所示。

图7-18 安装飞轮

发动机飞轮螺栓拧紧力矩：第一遍：60 N·m；第二遍：60 N·m, 45°；第二遍：60 N·m, 15°。

任务检测

一、填空题

1.检测气缸体上表面的平面度一般采用_____和_____配合测量。

2.活塞与汽缸壁之间的间隙=气缸直径－_____。

3.为了保证齿轮的正常润滑和运动，齿轮之间一般都留有一定的_____防止卡住及产生噪声、震动。

二、判断题

1.在拆发动机之前一定要观察发动机的记号，为了能够按原样装回，如果没有记号的要采用各种方法做记号。　　　　　　　　　　　　　　　（　　）

2.测量零部件前一定要先清洁干净零部件。　　　　　　　　　　　（　　）

3.清洁零件时不可以用压缩空气吹干净，以免吹坏零件。　　　　　（　　）

4.检测的第一步是目测，目测应对零件的外观、松动、磨损程度、污物的沉聚状况、颜色变化等进行初步的检查。　　　　　　　　　　　　　　　（　　）

评价与反思

评价表

序号	项　目	考核内容	配分/分	评分标准	得分
1	7S	准备工具，清洁工作台	10	少做一项扣5分	
2	技能考核	拆卸发动机各部件	30	未按要求拆卸一次扣2分，零件、工具掉落一次扣2分	
		清洁各部件	10	少清洗一个扣2分	
		正确选用工具	10	工具选择错误一次扣2分	
		安装发动机各部件	20	安装顺序错误一次扣2分，零件、工具掉落一次扣2分	
		实训报告册的填写	10	填写错误一处扣2分	
3	安全	安全操作	10	未按要求操作不得分	
	总　分		100	合　计	

反思

1.安装发动机的最大困难是什么？

2.在发动机的拆装过程中应该注意哪些事项？从正时标记、方向、各种间隙、规定的预紧力矩等方面进行思考。

参考文献

[1] 徐冬元. 钳工工艺与技能训练[M]. 2版. 北京：高等教育出版社，2005.

[2] 沈学勤，李世维. 极限配合与技术测量[M]. 北京：高等教育出版社，2002.

[3] 石光成. 汽车维修基本技能[M]. 重庆：西南师范大学出版社，2012.

[4] 冯秋官. 机械制图与计算机绘图[M]. 北京：机械工业出版社，2008.

[5] 沈云鹤. 汽车发动机构造与维修[M]. 北京：高等教育出版社，2005.

[6] 孔宪峰. 汽车发动机构造与维修[M]. 北京：高等教育出版社，2002.

[7] 徐锦康. 机械设计[M]. 北京: 高等教育出版社，2004.

[8] 曹静，陈金炆. 汽车机械识图[M]. 北京：机械工业出版社，2010.